2024 TBC 中小企業診断士試験シリーズ

特訓 問題集

1

中小企業経営・政策

中小企業白書 2023年版

TBC受験研究会

山口 正浩［監修］

加藤 匠　荒井 義規　中津井 徹　原田 浩平

福井 泰介　横山 豊樹　米森 啓貴［編著］

JN044801

早稲田出版
WASEDA PUBLISHING

はじめに

近年の中小企業診断士試験は、試験傾向の難易度から見て、ますます狭き門となっています。合格に向かって学習を進める中で、受験生の頭を悩ますのが「中小企業白書等（中小企業白書、小規模企業白書）」の学習です。

1次試験の中小企業経営・中小企業政策のうち、中小企業経営では、総得点のうちほとんどを「中小企業白書等」からの出題が占めています。

2次試験でも「中小企業白書等」に記載されている中小企業を取り巻く外部環境の変化や中小企業の現状や動向は、出題された事例企業の戦略の方向性の決定や事例企業を取り巻く経営環境に関する問題を解答する際の重要知識となっています。

「中小企業白書等」の重要性は、受験生ならば誰でも認めるところでありながら、その学習に積極的になれないのも事実です。多くの受験生が「中小企業白書等」のボリュームの多さ、なじみのない用語などが要因となり「効果的な学習法がわからない」「内容はわかるけれど得点に結びつかない」といった印象を持っているからです。

本書は中小企業診断士を目指す受験生の「中小企業白書等」学習の悩みを解決するために、業界唯一の新年度中小企業白書等（令和5年6月30日時点）の効果的な学習ツールとして、TBC受験研究会の攻略ノウハウを集結して問題集にしました。

● 1次試験の合格を目指すみなさんへ

本書の「1. 全体構造攻略編」で全体の体系を把握したら、「2. 重要ポイント攻略編」「3. 択一・短答問題攻略編」と学習を進めましょう。

● 2次試験の合格を目指すみなさんへ

本書の「1. 全体構造攻略編」で全体の体系を把握したら、「2. 重要ポイント攻略編」で本年度の中小企業白書等の内容を理解すると共に、[重要ワード]を確認し、中小企業の現状を表す用語も把握しておき、記述対策に備えましょう。

本書を発行するにあたり、TBC受験研究会の講師の方々には出版までの時間的余裕がない中、終始ご協力をいただき心からお礼申し上げます。

2023年10月

編著者代表
㈱ 経営教育総合研究所代表取締役社長
TBC受験研究会統括講師
山口　正浩

1 全体構造攻略編（1次・2次試験対策）

●中小企業白書

2 重要ポイント攻略編（1次・2次試験対策）

●中小企業白書

3 択一・短答問題攻略編（1次試験対策）

●中小企業白書

【 本書中の図表番号について 】

本書中の図表番号は2023年版の「中小企業白書」及び「小規模企業白書」の図表番号と同一のものを使用しています。鮮明な図表での学習をご希望の方は、2023年版「中小企業白書」及び「小規模企業白書」をご利用ください。

- 2023年版「中小企業白書」
  URL：https://www.chusho.meti.go.jp/pamflet/hakusyo/2023/PDF/chusho.html
- 2023年版「小規模企業白書」
  URL：https://www.chusho.meti.go.jp/pamflet/hakusyo/2023/PDF/shokibo.html

1

全体構造攻略編

（1次・2次試験対策）

1 令和４年度（2022年度）の中小企業の動向

──❶ 中小企業・小規模事業者の動向──

（1）我が国経済の現状

①実質GDP成長率の推移

a．**年間の推移**：2022年は前年比1.0％増

b．**2022年の四半期の推移**：感染症の流行等により第1四半期はマイナス成長→経済活動の再開等を背景に第2四半期はプラス成長→第3四半期は輸入の急増によりマイナス成長→堅調な内需により足下の2022年第4四半期は前期比0％

②業況や生産活動の動向

a．**業況判断DI**：2020年第2四半期を底に回復傾向が継続→2022年は1年を通じてプラスとなり中でも非製造業は回復傾向

③業種別の消費動向

a．**業種全体**：2021年は、緊急事態宣言・まん延防止等重点措置が発令されている期間に、消費支出が感染症流行前の水準から大きく減少→2022年は財・サービスそれぞれにおいて、感染症流行前を上回る時期もある→回復の傾向

b．**宿泊、交通**：いまだ感染症流行前の水準に戻っていない→業種によって厳しい状況が継続

（2）中小企業・小規模事業者の現状

①業況

a．業況判断DI

- 企業規模別

＊中小企業：リーマン・ショック後に大きく落ち込み→東日本大震災や2014年4月の消費税率引上げの影響でところどころ落ち込みはあるものの、総じて緩やかな回復基調で推移→2020年は感染症流行による経済社会活動の停滞により急速に低下し、第2四半期にリーマン・ショック時を超える大幅な低下→その後は回復傾向→2021年は上昇と低下を繰り返しながら推移→2022年第2四半期で大きく上昇し、感染症流行前の水準に戻った後は中期的には回復基調にあるものの、原材料の高騰や人手不足等が直近期の押し下げ要因となり2期連続で低下

- 業種別

＊全体：建設業を除き、2020年第2四半期は大きく業況が悪化→その後はいずれの業種でも2期連続で回復→その後、業種ごとに傾向は異なるが、建設業を除いた全ての業種において、2022年第2四半期で大きく上昇し、その後2期連続で低下

②業績

a．売上高

- 企業規模別：中小企業の売上高は、リーマン・ショック後及び2011年の東日本大震災後に大きく落ち込み→2013年頃から横ばいで推移→2016年半ばより増加傾向→2019年以降は減少に転じた→感染症の影響により更に減少→2021年第1四半期を底に2022年第4四半期まで増加傾向で推移
- 業種別（2019年比）
  ＊2022年になると業種によっては感染症流行前の水準以上まで回復
  ＊「建設業」、「情報通信業」、「運輸業、郵便業」、「小売業」において2019年と比べて売上高が増加
  ＊「生活関連サービス業、娯楽業」、「宿泊業、飲食サービス業」ではそれぞれ大幅減が続いており、引き続き厳しい状況

b．経常利益

- 企業規模別：リーマン・ショック後に大きく落ち込み→緩やかな回復基調→2020年に入ると、感染症の影響により減少→2020年第3四半期を底に再び緩やかな増加傾向で推移し、感染症流行前の水準まで回復→2022年第1四半期以降は大企業の経常利益が大きく増加しているのに対して、中小企業はおおむね横ばいで推移しており、2022年第4四半期は一転して減少傾向に転じた

③設備投資

a．設備投資

- 企業規模別の設備投資推移：中小企業の設備投資は、2012年以降は緩やかな増加傾向にあったが、2016年以降はほぼ横ばいで推移。その後、2021年から緩やかな増加傾向
- 企業規模別・業種別の生産・営業用設備判断DI推移：全体的に、2009年をピークに設備の過剰感が徐々に解消
  ＊非製造業：2013年半ばにマイナス→2020年に不足感が弱まる→2022年では、特に中小企業の方が大企業と比べて不足感が強い傾向
  ＊製造業：2017年前半にマイナス→2018年後半から不足感が弱まる傾向で推移→2020年に入ると急激に過剰感が強まる→2020年第3四半期以降は過剰感が和らいでおり、足下では横ばいの推移が続いている
- 中小企業の設備投資計画：2021年度の設備投資計画と比較すると低水準ではあるものの、2022年度は9月調査以降の設備投資計画が前年度比で増加→積極的な設備投資の動きが継続
- 中小企業の今後の設備投資における優先度：「維持更新」から「生産（販売）能力の拡大」や「製（商）品・サービスの質的向上」とする傾向

④資金繰りと倒産・休廃業

a．中小企業の資金繰りの状況

• 資金繰りDI：リーマン・ショック後に大きく落ち込み→東日本大震災や2014年4月の消費税率引上げに伴い一時的に落ち込みが見られたものの改善傾向で推移→感染症流行による売上げの急激な減少とそれに伴うキャッシュフローの悪化により、2020年第2四半期に大きく下落→第3四半期には大きく回復→2022年第2四半期には感染症流行前の水準まで回復したが、足下では低下傾向

b．倒産・休廃業

• 倒産件数推移：2009年以降、減少傾向で推移→2021年は（資金繰り支援策などの効果もあり）57年ぶりの低水準→2022年は3年ぶりに前年を上回る6,428件

• 新型コロナウイルス関連破たん

＊新型コロナウイルス関連の破たん（負債 1,000万円以上、2023年2月28日時点）：累計5,337件

＊破たん件数

⁎2021年2月以降、毎月100件を超える水準で破たんが判明

⁎2022年9月以降は毎月200件以上の件数が判明

⁎2023年2月には、2020年2月以降最多の249件が判明

＊業種別経営破たん（2020年1月から2023年2月末まで）：飲食業が最多で848件、次いで建設業が618件

• 休廃業・解散件数

＊（株）東京商工リサーチの「休廃業・解散企業」動向調査：2022年は49,625件で、前年比11.8％増

＊（株）帝国データバンクの全国企業「休廃業・解散」動向調査：2022年は53,426件で、前年比2.3％減

(3) 雇用の動向

①我が国の雇用情勢

a．完全失業率：2009年中頃をピークに長期的に低下傾向→2020年に入ると上昇傾向→再び低下傾向

b．有効求人倍率：2020年に入り大きく低下したものの、再び上昇傾向となっており、雇用情勢は持ち直し

c．雇用者数

• 雇用形態別（前年差）

＊正規の職員・従業員：2015年から毎年前年から増加しているが、2022年では増加幅が大きく縮小

＊非正規の職員・従業員：2020年に大きく減少し、2021年も引き続き前年から減少したものの、2022年には増加に転じた

②中小企業の雇用状況

a．人手不足の課題

- 従業員数過不足DI：2013年第4四半期に全ての業種で従業員数過不足DIがマイナスになり、その後は人手不足感が高まる方向で推移→2020年第2四半期にはこの傾向が一転して、急速に不足感が弱まり、製造業と卸売業では従業員数過不足DIがプラス→足下では、いずれの業種も従業員数過不足DIはマイナスとなっており、中小企業の人手不足感の強まり
- 従業員の時間外労働に関する上限規制適用への対応
  - ＊工作物の建設の事業：2024年4月以降、災害時における復旧及び復興の事業を除き、時間外労働の上限規制が全て適用
  - ＊自動車運転の業務：特別条項付き36協定を締結する場合の年間の時間外労働の上限が年960時間に設定される予定

b．人手不足への対応方法

- 人材採用の強化：「正社員の採用」「パートタイマーなど有期雇用社員の採用」
- 省力化投資等を通じた生産性向上：「業務プロセスの見直しによる業務効率化」、「社員の能力開発による生産性向上」、「IT化等設備投資による生産性向上」

c．人材確保状況

- 中小企業の直近1年間の人材確保状況
  - ＊日本国籍の人材確保状況
    - ＊2022年は新卒採用、中途採用において人材確保状況が「不足」の割合がそれぞれ32.1％、46.9％となっており、「適正」と答えた割合より高い
    - ＊IT・デジタル人材について「不足」の割合が「適正」と答えた割合より高い
  - ＊外国籍の人材確保状況：
    - ＊「専門的・技術的分野」の外国人労働者において不足感が高い
    - ＊「外国人技能実習生」、「資格外活動を許可された労働者」は、「適正」と判断されている傾向
- 人材確保のための方策
  - ＊職場環境の改善：「給与水準の引き上げ」や「長時間労働の是正」、「育児・介護などと両立できる制度の整備」、「福利厚生の拡充」→職場の魅力向上に取り組む動きも見られている
  - ＊多様な人材を活用：「シニア人材」、「外国人材」→多様な人材を活用する企業も一定数存在

(4) 物価・為替の動向

①物価の概況と影響

a．国内企業物価指数及び消費者物価指数：国内企業物価指数は2020年12月から、消費者物価指数は2021年1月から上昇→足下のそれぞれの物価指数の推移を見ると、

国内企業物価指数が消費者物価指数の変化を上回って急激に上昇

b．**最終需要・中間需要物価指数**

- 素原材料、中間財の物価は、2021年の初め以降において急激に上昇→2022年末からは減少に転じている
- 「最終財」や「最終財（国内品）」は、2021年以降上昇を続けている

c．**輸入物価指数**

- 円ベース、契約通貨ベース別に見ると、2021年末から2022年にかけて大幅に上昇→直近では、円ベース・契約通貨ベースにおける輸入物価が低下傾向
- 最終需要段階での物価上昇が見られたことから、輸入物価上昇を起点としたコスト上昇圧力を最終財の販売価格に転嫁する動き

d．**中小企業の原材料商品仕入価格**：2017年から上昇傾向→2019年第1四半期頃から低下→2021年第1四半期からは建設業と製造業をはじめとする全ての産業で再び上昇→2022年も急激な上昇が続いている

e．**中小企業における原材料・資源価格の高騰による企業業績への影響**

- 売上高：原材料・資源価格の高騰により、売上高へのマイナスの影響が2年前と比較して高くなっている傾向。一方、プラスの影響も高くなっており、原材料・資源価格高騰を追い風に売上高を伸ばしている企業も見られる
- 経常利益：3年間を通じてマイナスの影響が強くなっている

f．**原油高・原材料高・ウクライナ危機・円安などの影響の長期化への対応**：「既存製品、サービスの値上げ」だけでなく、「人件費以外の経費削減」や「業務効率改善による収益力向上」等に取り組んでいる企業が一定数存在

②為替の変動と各産業への影響

a．**ドル円為替レート**：2016年頃から緩やかに円高方向に推移→2021年からは緩やかな円安傾向に転じた→2022年に入ってからは円安傾向が急激に進み、2022年10月には、一時1ドル150円台を記録→その後は円高方向に推移しており、2023年2月時点では1ドル130円前後で推移

b．**ドル建て分の輸出入取引額において為替レートが円安方向に10％進展した場合の各産業に対する影響**

- 輸出型産業の電気機械、輸送機械：輸出価格の上昇を通じたプラスの影響
- 輸入型産業の石油製品や、鉄・非鉄・金属業種：輸入コストの増大によりマイナスの影響

c．**円ベースの輸入物価指数の推移**

- 円ベースの輸入物価指数の推移は低下傾向にあるが、その要因は主に為替変動によるもの
- 足下の物価の急激な変動が、鉱物性燃料価格や電気・ガス・水道価格、為替といった諸要素の急激な変化と連動

(5) サプライチェーンの混乱と調達遅れの状況

a．中小企業における前年と比べた原材料や部品の調達遅れ状況

- 2022年8月時点で約4割の中小企業は、「調達遅れが生じており、昨年より悪化している」と回答
- 2022年12月時点では「調達遅れが生じており、昨年より悪化している」中小企業が約2割にまで減少。一方、「現時点で生じていない」と回答した割合は4ポイント程度の増加となっていることから、サプライチェーンの混乱は続いているものの、2022年8月と比較すると改善

b．**世界的な原材料不足によるサプライチェーンへの影響**：「海外からの原材料・部品供給の遅れ・混乱」、「生産・製造量の減産や遅れ・混乱」が大きな影響として挙げられている

c．サプライチェーン強靭化に向けた対策の取組状況

- 2020年時点と比べて、現在時点では「在庫管理の強化」「仕入調達先の分散化・多様化」をはじめ、各取組を進める企業の回答割合が増加
- 感染症下と比べて、サプライチェーンの強靭化に向けた取組が進展

d．**半導体関連素材の供給見込み**：今後3年間では、半導体関連素材の供給が不足するという見込みが強い

e．半導体関連部品を安定的に供給するための取組状況

- 「調達先の分散」や「在庫の積み増し」といった取組をしている企業が3割程度
- 半導体関連部品の安定供給に向けた取組が、一定程度進められている状況

――❷ 激変する外部環境と中小企業の取組――

(1) 感染症流行による影響と新たな取組

①感染症流行による中小企業・小規模事業者への影響

a．感染症流行による企業業績への影響

- 経常利益：2021年に若干の改善→足下では減少傾向
- 売上高：2020年から増加の傾向→感染症流行以降に一定程度回復している兆候

b．自社の事業環境に対する感染症の影響への認識

- 「もはや感染症の影響下ではなく、事業環境は平時を取り戻した」が27.9%
- 「もはや感染症の影響下ではなく、感染症の影響以外の環境変化への対応が急務だ」が37.1%
- 合わせて65.0%の企業が自社の事業環境について感染症の影響下にないと回答

②感染症流行を踏まえた、中小企業・小規模事業者の新たな取組

a．感染症流行を踏まえたデジタル化の取組

- 2022年（現在）では「IT・デジタルツールの利用環境整備・導入」をはじめ、多くの項目で3年間を通じて上昇傾向→感染症流行を踏まえたデジタル化の取組が浸透し

つつある

b．感染症流行後の顧客数増加の取組

- 「営業活動商談等のオンライン化」が3年間の中で最も高い
- 次いで「新たな商品・サービスの開発」が高く2022年（現在）では16.6%

c．感染症流行を踏まえた事業再構築

- 「感染症流行を踏まえた事業再構築を行っている」企業が2020年から増加している傾向
- 事業再構築の内訳

＊「新たな製品等で新たな市場に進出する（新分野展開）」の回答割合が最も高く、2022年（現在）では60.3%

＊次いで、「自社の主要な製品・商品・サービスの生産・製造方法等を転換する（業態転換）」の回答割合が高く、2022年（現在）では16.4%

＊また、「組織の合併・分割、株式交換・移転、事業譲渡を通じた事業再編（事業再編）」も 2020年から2022年の3年間において増加

(2) 中小企業・小規模事業者のカーボンニュートラル

①中小企業・小規模事業者のカーボンニュートラルの取組状況

a．カーボンニュートラルの事業方針上の優先度

- 2020年から2022年につれて、「優先順位は高い」、「優先順位はやや高い」と回答する割合が高い→事業方針上の優先度が高まっている

b．カーボンニュートラルの取組状況の推移

- 「段階1：気候変動対応や CO2 削減に係る取組の重要性について理解している」の企業が最も多く2022年（現在）時点で63.7%→3年間を通じて、一定割合増加
- 段階2以上の企業の割合は依然として少ない→カーボンニュートラルの取組の重要性を「知る」ことに取り組んでいる企業は増加しているものの、CO2排出量を「把握する」ことをはじめ、実際のカーボンニュートラルに向けた取組が進展していない状況

②サプライチェーンで一体となって行うカーボンニュートラルの促進

a．取引上の地位別の2022年（現在）のカーボンニュートラルの取組状況

- 三次下請以下の企業：カーボンニュートラルの取組の重要性がそもそも理解されていない傾向

b．2020年から2022年における、取引先からの温室効果ガスの把握、カーボンニュートラルに向けた協力要請状況

- 温室効果ガスの排出量把握、カーボンニュートラルに向けた協力要請が「あった」と回答する割合が年々上昇

c．取引上の地位別に見た、2022年（現在）の取引先からの温室効果ガスの把握、カーボンニュートラルに向けた協力要請状況

- 取引上のどの地位でも温室効果ガスの排出量把握や、カーボンニュートラルの要請が「あった」と回答する割合が一定程度ある→サプライチェーン全体で取組が求められている

d．取組段階別の業績や企業としてのブランド価値への効果

- 取組段階が進んでいる企業ほど、「既存の取引先との関係性の維持」や「企業価値（ブランド）の向上」の効果を実感する割合が高い傾向
- 企業の業績を維持することや、生産効率の向上だけでなく、自社のブランド向上にもつながる可能性が示唆

③グリーン分野への投資・事業再構築の促進

a．グリーン分野への投資

- 2020年と比べて2022年（現在）では、「既に投資を行っている」、「投資を検討している」割合が高まっている→それぞれ2.7ポイント、4.5ポイント上昇

b．グリーン分野への事業再構築の取組状況

- 取組段階別の事業再構築の取組状況：自社の排出量の把握や、実際の排出量削減といった取組段階が進んでいる企業ほどグリーン分野の事業再構築の取組を進める企業が多い→実際に取組を進めることで、グリーン分野に向けた事業再構築を進めることにつながることが示唆

c．グリーン分野への事業再構築による企業業績への影響

- 取組段階が進んでいる企業：グリーン分野を通じて行う事業再構築に対して、企業業績 の「向上につながる」と感じている企業の割合が高い
- GX（グリーン・トランスフォーメーション）への期待感の醸成につながることが示唆
- カーボンニュートラルの取組を進展させ、グリーン分野による事業再構築を通じて、企業業績を向上させることが重要

④カーボンニュートラルを促進するための制度

a．有効と考えられる制度

- 「③設備・システムを導入する際の補助金・税制優遇措置」の割合が最も高く、35.5%
- 次いで「④改善状況を診断するツールの提供・導入に向けた補助金」、「⑤事業転換を後押しする補助金・税制優遇措置」の割合が高く、それぞれ31.7%、31.4%
- 何に取り組むべきか分からない中小企業：設備等の導入や専門家サポート、事業転換（事業再構築）を進めるための財政的支援が重要

——3 中小企業の実態に関する構造分析——

(1) 企業間取引・価格転嫁の現況

①交易条件の動向

a．交易条件指数

- 大企業と中小企業の交易条件の規模間格差：改善傾向
- 中小企業の交易条件指数：依然として低い水準→仕入価格上昇分を販売価格に転嫁できていない状況が示唆

②価格転嫁力の動向

a．企業規模別の価格転嫁力指標

- 大企業（大企業製造業）と中小企業（中小製造業）の価格転嫁力：感染症流行前に一定水準上昇→感染症流行後、再び減少
- 価格転嫁力の規模間格差：開きつつある

b．一人当たり名目付加価値額上昇率とその変動要因

- 大企業（大企業製造業）：上昇→実質労働生産性や価格転嫁力が寄与
- 中小企業（中小製造業）：低下→価格転嫁力の低下
- 中小製造業：2019年から2021年において価格転嫁力が低下

c．各コストにおける価格転嫁率の状況

- 全体コスト：改善傾向
- 原材料費：向上
- 労務費：上昇幅が非常に小さい
- エネルギー価格：減少

(2) 賃金の現況

①賃金の動向

a．最低賃金の動向

- 2021年度全国加重平均：930円
- 2022年度全国加重平均：961円（31円の引上げ）

b．時間当たり所定内給与額の分布

- 大企業：低賃金帯での構成割合が少ない
- 大企業と中小企業：共に時間当たり所定内給与額が1,000円近くで多く分布

c．従業員規模別の常用労働者の所定内給与額の推移（2021年）

- 大企業：301,763円
- 中小企業：256,578円

d．業種別の賃金の推移

- 大企業：リーマン・ショック以降多くの業種で所定内給与額が減少→その後緩やかに回復傾向が続く→感染症流行後は、卸売業、小売業をはじめ、宿泊業、飲食サー

ビス業などで所定内給与額が減少

- 中小企業：リーマン・ショック以降多くの業種で所定内給与額が減少→直近10年において所定内給与額は大きく変動していない→感染症流行後は、一時的に落ち込んだ製造業や情報通信業についても、その後持ち直し

②賃上げの動向

a．賃金改定率の推移

- 大企業と中小企業：2021年一人当たり平均賃金改定率は約1.7％→大きな差はない

b．2022年の春闘による賃上げ率の状況

- 全規模：2.1％
- 中小企業：2.0％

c．中小企業・小規模事業者における賃上げの状況

- 感染症流行後、賃上げを実施している企業の割合：増加
- 2022年における「賃上げを実施」と回答した割合：半数程度にとどまる

d．賃上げのための価格転嫁と生産性向上

- 企業の成長期待と労働生産性の関係性、及び期待成長率と賃金上昇率の関係性
  - ＊設備投資額から算出される企業の1年後の実質付加価値の期待成長率：労働生産性の変動と連動→期待成長率と名目賃金上昇率には、企業規模によらず緩やかな正の相関関係
  - ＊成長期待の高まりが資本装備率（資本の労働対比での投入比率）の上昇を通じて労働生産性の上昇につながる
  - ＊生産性の向上が賃上げにつながることが示唆
- 価格転嫁率別の従業員一人当たり平均賃金改定率
  - ＊価格転嫁率が高い企業：従業員一人当たりの平均賃金改定率も高い傾向
  - ＊賃上げを推進するためには、価格転嫁を進めることが重要であることが示唆

(3) 生産性の現況

①生産性の動向

a．一人当たり付加価値額（労働生産性）の推移

- 大企業製造業：2021年度において大きく労働生産性が向上
- 中小企業：製造業・非製造業共に横ばいの傾向

b．労働分配率の推移

- 中規模企業、小規模企業：大企業と比べて労働分配率が高い傾向
- 2019年度から2021年度にかけて、小規模企業の労働分配率が上昇
- 2020年度から2021年度にかけて、中規模企業、大企業の労働分配率が低下

(4) 地域の包摂的成長

①地域の中堅・中核企業の現状

a．地域別・企業規模別の20～4,999人の企業における常用雇用者総数の割合

- 東京圏：約6割
- 地方圏：約7割
- 東京圏よりもそれ以外の地域の方が、一定規模以上の企業が全体に占める雇用者数の割合が高い

b．2009年比の企業規模別一企業当たりの売上高と設備投資額の推移

- 2015年以降連続して、売上高、設備投資額の両指標とも、中堅企業が中小企業、大企業を上回っている
- 包摂的成長の実現には、売上高や設備投資の伸びが大きい地方圏の中堅・中核企業が成長・発展し、地方圏の経済成長や雇用の創出につなげることが重要

②若者・女性などの東京圏への人口移動

a．東京圏への流入者の移住の背景

- 地元では「希望する職種の仕事が見つからないこと」、「賃金等の待遇が良い仕事が見つからないこと」の回答割合が多い
- 東京圏外に居住していた若者や女性が、希望する職種の仕事や賃金等の待遇条件が良い仕事を求めて東京圏へ転入

③東京圏における実質的な可処分所得、可処分時間

a．都道府県別の中央世帯の可処分所得と基礎支出

- 東京圏の可処分所得に関する都道府県別の順位は比較的大きいが、基礎支出は最上位→実感的な可処分所得が相対的に低い

b．都道府県別のフルタイム雇用者の平均可処分時間

- 東京圏の平日一日の平均可処分時間：全国平均を下回っている

c．結婚に必要な状況

- 「経済的に余裕ができること」が最も多い

d．理想の数の子供を持たない理由

- 「子育てや教育にお金がかかりすぎるから」が最も多い

―― 4 中小企業におけるイノベーション ――

(1) 中小企業におけるイノベーションの実態

①研究開発投資状況

a．中小企業では製造業において研究開発費が上昇傾向

b．売上高比研究開発費は、大企業と比べて、製造業・非製造業共に低水準

②イノベーション活動の取組状況（2017年～2019年）

a．中規模企業では約6割、小規模企業では約半数の企業がイノベーション活動に取り

組む一方、大規模企業と比べると、その企業の割合は少ない

b．従業員規模が大きい企業ほど、イノベーションを実現している企業が多い傾向

c．プロダクト・イノベーション実現では、大規模企業の割合に対して、中規模企業、小規模企業の割合が半分以下

(2) 中小企業におけるイノベーションの効果

①イノベーション活動によって得られた効果

a．「革新的なイノベーション活動に取り組んでいる」企業では、「革新的ではないがイノベーション活動に取り組んでいる」企業と比べて、「競合との差別化」、「販路拡大（国内・海外）」につながると回答する割合が高い

(3) 中小企業におけるイノベーションの課題

①研究開発段階でのリソース面の課題

a．研究開発段階では、人材不足の課題が最も大きい

②事業提供開始・事業拡大段階でのリソース面の課題

a．イノベーションにより付加価値を高めた製品の販売開始・サービスの提供開始・事業拡大に取り組む上でも、人材不足の課題が最も大きい

③コア技術への理解

a．自社のコア技術の強みがあると認識している企業ほど、イノベーションの事業化や、それによる利益増加につながっている傾向

④新たな市場ニーズを踏まえたイノベーション

a．新たな市場ニーズの探索に取り組んでいる企業は、取り組んでいない企業と比べて、イノベーションの事業化や、それによる利益増加につながっている傾向

⑤コア技術とマーケットをつなぐ人材の重要性

a．売上高に対する研究開発比率が高い企業では、自社のコア技術・ノウハウと、マーケットニーズとのギャップを埋め合わせ、戦略を構想・実現する人材支援があった場合に、新製品・サービスの事業化につながると考える傾向

――5 地域内の企業立地――

(1) 企業立地の動向

①企業立地の動向と意義・効果

a．工場立地件数と面積：

- 1990年代は、バブル崩壊とともに減少傾向で推移
- 2000年代になると増加傾向に転じるが、リーマン・ショック後に大きく落ち込み、その後は横ばい傾向で推移し、足下でもバブル崩壊後の水準にとどまる
- 工場立地件数におけるその他地域（三大都市圏以外の地域）の割合は、1992年は約80%であったが、足下の2021年では約60%にまで減少
- 面積におけるその他地域の割合は、足下では回復傾向にあるものの、長期的に見る

と減少傾向で推移

b．**企業誘致が進展した際に期待できる効果**：三大都市圏の自治体、その他地域の自治体共に、企業誘致の進展により多くの効果を期待。特に「雇用増加」や「税収増加」では、9割以上の自治体がその効果を期待

c．**自社が立地する地域で「同業種」の企業の立地が進むことに対する期待**：

- 地域にかかわらず約7割の企業が企業立地による効果を「期待する」
- 期待する効果は、「新たに立地した企業との取引増加（直接的な受発注機会の増加）」が最も多く、次いで「質の高い情報の入手・交換の促進」となっている

d．**「異業種」の企業の立地が進むことにより期待する効果**：

- 地域にかかわらず約7割の企業が企業立地による効果を「期待する」
- 取引増加や質の高い情報の入手等に高い期待を持っている

e．**従業員規模別に見た自社が立地する地域で「同業種」の企業の立地が進むことに対する期待**：

- 従業員規模にかかわらず約7割の企業が企業立地による効果を「期待する」
- 期待する効果は、従業員規模にかかわらず「新たに立地した企業との取引増加（直接的な受発注機会の増加）」や「質の高い情報の入手・交換の促進」が上位
- 従業員規模の大きい企業ほど、「物流の効率化」や「域内における量的な労働力の確保」、「域内における質の高い労働力（経験者等）の確保」に期待を持っている傾向

f．**従業員規模別に見た自社が立地する地域で「異業種」の企業の立地が進むことに対する期待**：

- 従業員規模にかかわらず約7割の企業が企業立地による効果を「期待する」
- 従業員規模にかかわらず「新たに立地した企業との取引増加（直接的な受発注機会の増加）」や「質の高い情報の入手・交換の促進」に高い期待
- 従業員規模が大きい企業ほど「企業同士の協業（研究開発）の促進」や「物流の効率化」への期待感が大きい

②中小企業の企業立地の動向

a．国内の拠点数と過去の立地動向

- 従業員規模が大きい企業ほど、本所・本社以外に拠点を有している傾向
- 約3割の企業が国内に本所・本社以外に複数の拠点を有している
- 中小企業全体では25.9％が過去10年程度において工場・生産施設等の新設・増設・移転を実施
- 従業員規模が大きい企業ほど過去10年程度において工場・生産施設等の新設・増設・移転を実施している傾向
- 直近で立地した地域について、中小企業全体では「現（本社）所在地」が最も多いとともに、「現（本社）所在地」を含めた同一市区町村内に約8割が立地し、市区町村や都道府県を越えた立地は多くない

- 過去に立地した際に活用したことのある支援内容について、約7割の企業が立地の際に何らかの支援策を活用している様子であり、その支援内容を見ると「設備に対する補助金」、「固定資産税の減免」といった項目が上位

b．海外生産拠点における国内回帰の動き

- 中小企業でも国内回帰の動きが一定数存在
- 2020年から2022年にかけて「新型コロナ感染症への対応」、足下の2022年から今後にかけて「為替変動」や「人件費の上昇」、「原材料費の上昇」と回答した企業が増加しており、中小企業が国内に生産を戻す理由に変化が生じている

③ 中小企業の今後の立地に対する認識や課題

a．今後の立地に対する認識と立地を選択する際に判断に影響を与える要素

- 従業員規模が大きい企業ほど、新たな立地を計画（検討）している傾向
- 新たな立地の候補地は、同一市区町村内までの立地を計画（検討）している企業が多い
- 従業員規模が大きい企業ほど、同一市区町村外に立地を計画（検討）している傾向
- いずれの候補地の企業でも、期待する支援内容は「固定資産税の減免」が最も多く、次いで補助金や税制優遇が続いている
- 中小企業が新たな立地を選択する際の「地理的要件」として、同一都道府県内を候補地としている企業では、「規模（土地面積）」が最も多い一方で、同一市区町村内（現所在地含む）やその他国内、海外を候補地としている企業、候補地が未定の企業では、「調達先、販売先等との位置関係（距離、アクセスの容易さ）」が最も多い
- 中小企業が新たな立地を選択する際の「経済・社会環境・政策」として、いずれの候補地の企業でも「自治体による支援の充実（補助金、税制優遇等）」が最も多い
- 中小企業が新たな立地を選択する際の「自治体のサポート」として、いずれの候補地の企業でも「積極的な情報発信」や「手続きの迅速さ」、「レスポンスの速さ」といった項目が上位

b．今後新たに立地する際に想定される課題：

- 全体的には「用地情報（所在地、価格、面積等）の収集」や「立地に要する資金の工面」が上位
- 平時における中小企業・小規模事業者の人材ごとの過不足状況について、一般労働者（非正規採用職員）以外の人材は、半数以上の企業が不足しており、特にエンジニア（技術者）が不足している企業が多い
- 新たな立地の際の候補地別に、新たな立地で必要な人材を確保する方法として、その他国内（同一市区町村内、同一都道府県内以外の国内）、海外を候補地としている企業において、新規雇用が多い
- 全体では9割以上の企業が新たな立地の際の人材確保が困難であり、平時における企業の人材の過不足状況別に見ると、過不足状況による差はほぼ確認できない

(2) 地域経済の持続的発展に向けた自治体による企業誘致の取組

①自治体の企業誘致政策の目標達成度合い

- 半数以上の自治体が企業誘致政策の目標を達成し、他方で、目標を上回ると回答した自治体はごく一部にとどまる
- 目標を上回ると回答した自治体では、補助金や税制優遇などの取組のほかにも、工場跡地などの紹介や、人材確保に関する支援などの取組を積極的に実施している

②自治体が企業誘致で実施している取組と中小企業が新たな立地の際に期待する支援内容

- 中小企業は補助金や税制優遇に対する期待が高く、自治体では、「工場跡地、遊休地の紹介」が第4位に入っているほか、第2位が「雇用奨励金」となっている
- 中小企業の約半数が自社の立地する地域の自治体に対し、積極的に産業振興を行っていると評価
- 自社の立地する地域の自治体が実施する産業振興への評価が高ければ高いほど、企業は自地域で企業立地が進展している実感を持っている
- 6割以上の自治体が自地域で誘致すべき産業分野を検討している
- 自地域で誘致すべき産業分野を検討している自治体では、検討していない自治体と比べて企業誘致政策の目標を達成している割合が高い
- 自治体が今後、企業誘致に力を入れていきたい産業分野について、「再生可能エネルギー・カーボンニュートラル関連(水素・アンモニア等)」や「AIチップ・半導体関連」、「5G等の情報通信関連」といった、今後成長が見込まれる産業分野が上位
- 優先的に誘致すべき産業分野の検討状況別に、自治体が今後、企業誘致に力を入れていきたい産業分野について見ると、優先的に誘致すべき産業分野を検討している自治体では、幅広い産業分野に力を入れていく傾向にあるとともに、再生可能エネルギーや5G、AI・半導体といった、今後の成長が見込まれる産業についても力を入れていく傾向
- 中小企業が今後の進出に関心がある産業分野について見ると、従業員規模が多い企業では、「次世代自動車関連」や「次世代電池関連(蓄電池・モーター等)」、「再生可能エネルギー・カーボンニュートラル関連(水素・アンモニア等)」に関心の高い企業が多い

2　変革の好機を捉えて成長を遂げる中小企業

―― 1 成長に向けた価値創出の実現 ――

(1) 成長に向けた戦略

①成長に向けた戦略の策定

a．**経営戦略の策定プロセス**：成長企業のうち、約7割の企業が経営戦略を策定→ターゲットとする市場と自社の経営資源の両方を分析することが、優れた経営戦略の策定につながっている→ターゲットとする市場の分析や、ターゲットとする顧客の具体的なイメージ、ターゲットとする顧客に届ける価値や届け方の明確化が重要

b．**ターゲットとする市場の分析**：経営戦略を策定した際に、ターゲットとする市場の分析を進めた際の視点は「ターゲットとする顧客の特徴」が最も多く、次いで「競合他社の製品・商品・サービスの特徴や参入動向」

- 競合他社が少ない市場への参入や市場の創出が企業の成長につながる
- 競合他社の多い市場に参入し成長を実現するには、標準化を通じた効率化が重要
- ターゲットとする市場の選定時には、自社の経営資源の状況を確認し、ターゲットとする市場に合った必要な経営資源を確保することも重要

c．**自社の経営資源の分析**：約3分の1の企業が、他社が保有していない自社の経営資源の強みを、経営戦略を実行した際に活用→経営戦略の実行時に他社が保有していない経営資源を活用した企業は、活用しなかった企業と比較して、売上高増加率の水準がやや高い→成長に向けて、他社が保有していない経営資源を確保するとともに、ターゲットとする市場でどのように経営資源を活用するのか明確化が重要

②成長に向けた既存事業拡大と新規事業創出の取組

a．**既存事業拡大と新規事業創出の取組状況**：成長企業のうち、既存事業拡大に取り組んだ企業が約6割、新規事業創出に取り組んだ企業は約5割→既存事業拡大の取組は約9割、新規事業創出の取組は約8割の企業が、自社の成長に寄与したと考えている

b．**新規事業創出の成功に向けた工夫・取組**：既存事業の足下の業績が好調なうちに新規事業創出の取組を開始した企業が7割以上→成長企業は、既存事業で培った経営資源を活用しながら、新規事業創出に取り組んでいる

(2) 成長に向けた戦略実行を牽引する経営者

①**経営者の成長意欲を高める取組**：成長企業の経営者は、経営者就任前・就任後のいずれでも成長意欲が高く、また経営者に就任したことにより成長意欲を高めている→成長企業の経営者の多くが、第三者との交流により成長意欲が高まった経験を有し、特に経営者就任後はその傾向が顕著→業種を問わず、経営者仲間との積極的な交流が、経営者の

成長意欲を喚起

②**経営者のリスキリングの取組**：リスキリングに取り組んでいる経営者が約4割→経営者がリスキリングに取り組んでいる企業は、取り組んでいない企業に比べて、売上高増加率の水準が高い→全社的なリスキリングの機運醸成には、まず経営者が取り組むことが重要→役員・社員に対してリスキリングの機会を提供している企業は、提供していない企業に比べて、売上高増加率の水準が高い

(3) 成長に向けた経営者の戦略実行を支える内部資源・体制

①**戦略実行に向けた人材戦略の策定**：直近10年間において人材戦略を「策定した」企業が約6割→人材戦略を「策定した」企業は、「策定しなかった」企業と比較して、従業員数増加率の水準が高い→経営戦略と人材戦略を一体的に構想することにより、戦略の実行に必要な人材の確保が進み、結果として業績の向上にもつながる

②**経営者の戦略実行を支える人材**

a．**経営者を支える右腕人材**：直近10年間において右腕人材がいた企業が6割以上→「内部で育成した右腕人材」が約7割、「外部から確保した右腕人材」が約3割→既存事業拡大と新規事業創出の取組いずれでも、右腕人材が成長に向けた取組に関与→右腕人材が「いた」と回答した企業は、「いなかった」と回答した企業に比べて、売上高増加率の水準が高い→人材戦略を策定した企業は、策定しなかった企業に比べて、右腕人材が「いた」と回答した割合が高い

- 内部で育成した右腕人材：「営業」に関する知識・スキルを持っている傾向
- 外部から確保した右腕人材：「経営企画」、「経理・財務」、「総務」といった、管理系の知識・スキルを持っている傾向
- 成長企業の経営者が右腕人材に期待している役割：豊富な経験を基にしたサポートや経営者と社員の距離を埋める役割
- 育成：右腕人材を社内で育成していくには、意識的に権限委譲をしたり、経営陣との接点を増やしたりしながら、候補となる人材が経営者目線を持つよう促していくことが重要

b．**経営者を支える変革人材**：直近10年間において内部で育成した変革人材が「いた」と回答した企業は約4割、外部から確保した変革人材が「いた」と回答した企業は約3割弱→変革人材の経歴にかかわらず、変革人材が持つ「営業」や「製品・商品・サービスの企画・開発」、「経営企画」といった知識・スキルをいかすことで、既存事業拡大や新規事業創出につなげている→変革人材の経歴にかかわらず、「いた」と回答した企業は、「いなかった」と回答した企業と比較して、売上高増加率の水準が高い→変革人材の経歴にかかわらず、人材戦略を策定した企業は、策定しなかった企業と比較して、「いた」と回答した割合が高い

- 内部で育成した変革人材：豊富な経験を基にしたサポートや経営者と社員の距離を埋める役割を期待→経営陣との接点の増加や権限委譲に取り組みながら、経営者目

線を持つよう促すことで、変革人材の育成に取り組んでいる

- 外部から確保した変革人材：豊富な経験を基にしたサポートや専門性をいかした事業の推進を期待→身近な人を介して個別にアプローチをすることで変革人材を確保→本業とは別に兼業・副業をしている変革人材を活用する企業が一定数存在

③経営者の戦略実行を推進する組織

a．**経営の透明性を高める取組**：約7割の企業が経営の透明性を高める取組を実施→きっかけは「従業員の増加」が最も多く、次いで「経営者の交代」→従業員の増加とともに、経営の透明性を高める取組を実施

- 取組内容：「経営計画の共有」、「経営課題の共有」は7割以上の企業、「決算情報の共有」、「意思決定プロセスの明確化」は6割以上の企業、「人事評価制度の明確化」、「報酬制度の明確化」は5割以上の企業が「十分実施している」、「ある程度実施している」

b．**経営者からの権限委譲の取組**：約6割の企業が経営者からの権限委譲を進めている→従業員数の増加に応じて、経営者からの権限委譲が進んでいる傾向

- 「資金調達方針」は、経営者に権限が集中
- 「新規事業に関する方針決定」、「既存事業に関する方針決定」、「予算額」、「人事評価」、「人材の採用」、「人員の配置」は、経営層まで権限委譲が進んでいる
- 「物品の購入」、「既存仕入先・販売先との取引継続」、「新規仕入先・販売先の開拓」、「業務目標の設定・管理」、「新たな製品・商品・サービスの開発」は、部長・課長クラスや主任・係長クラスまで権限委譲が進んでいる
- 権限委譲による効果：「自律的な社員が増加した」は約8割の企業、「社員からの改善提案が増加した」は約7割の企業が効果を実感→経営者からの権限委譲を進めたことで、「自律的な社員が増加した」、「社員からの改善提案が増加した」に「当てはまる」、「どちらかといえば当てはまる」と回答した企業は、そうでない企業に比べて、既存事業拡大と新規事業創出に取り組んでいる→権限委譲を進めたことが自律的な社員の増加や社員からの改善提案の増加につながり、既存事業の拡大や新規事業の創出に取り組んだことで、売上高の増加を実現
- 権限委譲の際の工夫：権限委譲を行うと同時に、経営理念・ビジョンの共有などを通じて、従業員の動きに統一感や一貫性を持たせることも重要

c．**新規事業創出の成功に向けた組織体制の構築**：組織体制に関する工夫・取組の実施状況は、「経営者が進捗管理や意思決定を担い、現場での指揮や業務の遂行は現場に任せた」が最も多く、次いで「新規事業を社内に理解させる取組を行った」→新規事業創出の成功に向けて、経営者がマネジメントに集中し実務は現場に任せることや、新規事業を社内に理解させる取組を行うことが重要→既存事業に従事する社員の理解を得るための工夫・取組の内容について確認した上で、こうした工夫・取組を行った企業は実際に既存事業に従事する社員の理解を得られている

(4) 成長に向けた海外展開

①**中小企業・小規模事業者の海外展開の状況**：大企業と比べると、中小企業の海外展開は引き続き低水準→業種に応じて海外展開の実施状況に差がある

②**海外展開実施による企業業績への影響**

a．**売上高・経常利益への貢献度**：海外展開が自社の売上高・経常利益に「大幅に貢献した」、「やや貢献した」と回答した割合が半数超→製品・商品・サービスの付加価値や企業として保有する知的資産・知的財産といった強みが、海外展開による業績への好影響につながっている

b．**労働生産性**：輸出実施企業では、輸出非実施企業と比べて労働生産性の水準に差が見られ、感染症流行を経ても比較的同じ水準の差を維持

――❷新たな担い手の創出――

(1) 事業承継・M&A

①**事業承継の動向**

a．**休廃業・解散**

• 休廃業・解散企業の現状

＊(株) 東京商工リサーチ→2022年の休廃業・解散件数は49,625件→前年比11.8%増

＊(株) 帝国データバンク→2022年の休廃業・解散件数は53,426件→前年比2.3%減

• 休廃業・解散企業の業績 (損益別構成比)

＊2014年以降一貫して過半数の休廃業・解散企業が黒字

＊一方、2022年は54.9%となり、2021年に引き続き6割を下回る

b．**経営者の高齢化**：経営者年齢のピーク (最も多い層) は、2000年が「50～54歳」、2015年が「65～69歳」と高齢化が進展→2020年が「60～64歳」「65～69歳」「70～74歳」に分散、2022年も同様の傾向にあり、団塊世代の経営者が事業承継や廃業などにより引退していることを示唆→一方で、75歳以上の経営者の割合は2022年も高まっており、経営者年齢の上昇に伴い事業承継を実施した企業と実施していない企業に二極化

c．**後継者の確保**

• 後継者不在率

＊2017年の66.5%をピークに近年は減少傾向にあり、2022年は57.2%と調査開始した2011年以降で初めて60%を下回っている

＊2021年以降、50歳代と60歳代の後継者不在率の低下が全体の後継者不在率の低下に大きく寄与しており、同年代において事業承継が進み、後継者不在による休廃業の動きを鈍らせた可能性が考えられる

- 中小企業経営者の事業承継の意向や後継者の選定状況

＊経営者の年代が上がる→親族内・親族外にかかわらず何らかの形で事業承継を検討している企業の割合が高まる→どの年代でも自身の親族を後継者候補に考える中小企業経営者が多い→また、割合は低いがどの年代でも「誰かに引き継ぐことは考えていない・廃業を検討している」企業が一定数存在

＊事業承継について「未定である・分からない」と回答する割合は経営者の年代が上がるにつれて減少傾向にあるものの、70歳代以上でも3割弱存在する→専門機関も活用しながら、事業承継を選択するか、早めに判断することが重要

＊事業承継の意向がある企業：約4割の経営者は60歳以上70歳未満、約3割の経営者は70歳以上80歳未満で事業承継・廃業を予定→2022年時点で60歳から74歳の経営者が占める割合が高い→事業承継・廃業の予定年齢が迫る経営者が多くなる→今後も事業承継の必要性が高まる

＊経営者の年代別後継者選定状況：経営者年齢が高くなるにつれて後継者が「決まっている（後継者の了承を得ている）」と回答した企業の割合は増加しており、70歳以上では6割を超える→一方、70歳以上の企業でも「候補者はいるが、本人の了承を得ていない」「候補者はいない、又は未定である」と回答した企業が合わせて3割を超えている

＊後継者の選定理由：「経営者としての自覚・当事者意識を備えたため」が4割超で最も多く、以下、「自社や他社で充分な実務経験を積んだため」「経営者として必要な知識・スキルを習得したため」と続く→後継者が経営者としてふさわしい資質や能力を備えたタイミングで事業を引き継ぐことを決める企業が多い

＊候補者はいるが、本人の了承を得ていない企業の中で後継者に対して引継ぎ意思を「伝えようとしている」「伝えていない」と回答した割合が合計で半数以上→事業承継を検討している企業は後継者候補に対して引継ぎ意思を明確に伝えることが重要

＊後継者を決定後、事業承継税制といった支援施策や事業承継・引継ぎ支援センターなどの支援機関を活用して事業承継に向けた準備に取り掛かることが有効

②事業承継に向けた準備

a．事業承継の類型及び現状

- 事業承継の類型

＊事業承継ガイドラインでは、事業承継を「親族内承継」「従業員承継」「社外への引継ぎ（M&A）」の三つの類型に区分

＊外部招聘や出向など、M&A以外で社外の第三者に引き継がせる方法についても「社外への引継ぎ（M&A）」に含めている

- 事業承継の現状

＊近年事業承継をした経営者の就任経緯は親族内承継が他の類型と比べて一貫して

高い割合→一方で、親族内承継は減少傾向にあり、足下の2022年では従業員承継と同水準の34.0％となっている→また、社外への引継ぎの割合は2020年以降増加傾向→親族への承継から、親族以外への承継へシフトしてきている

＊事業承継実施企業の承継後の売上高成長率は３年目から徐々に同業種平均値を上回っていく→事業承継は成長の機会となり得る

＊事業承継経過年別の売上高成長率分布→年数が経過するごとに成長している企業と成長していない企業で二極化が進んでいる

b．後継者の準備

• 後継者の事業承継前の取組

＊「親族内承継」は「準備期間が５年以上」と回答した割合が約３割と最も高い

＊「社外への引継ぎ」は「準備期間はなかった」「準備期間が１年未満」と回答した割合が７割近くを占めるが、準備期間が１年以上かかった企業も約３割存在

＊いずれの類型でも一定の準備期間が必要

• 後継者が準備期間中に取り組んだこと

＊どの類型でも「自社の経営資源・財務状況の理解に努めた」が５割を超える

＊「親族内承継」は他の類型と比較して「現場で働き、自社の技術やノウハウ、商習慣等を学んだ」「学校やセミナー等に通い、経営に関する知識やスキルを学んだ」と回答する割合が高い

＊「社外への引継ぎ」では「従業員と自社の課題等について話し合う機会を設けた」と回答する割合が高い

c．先代経営者の関与

• 先代経営者の引退後の勤務形態

＊７割が「自社で、会長・顧問・相談役等として勤務」と回答→後継者は先代経営者の引退後の役割や処遇について事前に検討しておく必要がある

• 後継者に対する従業員の信認状況

＊「主に後継者が意思決定を行っている」企業は、「主に先代経営者が意思決定を行っている」企業と比較して、「従業員から信認を得ている」と回答している割合が高い

• 事業承継前と比較した投資額の変化

＊「主に後継者が意思決定を行っている」企業は、「主に先代経営者が意思決定を行っている」企業よりも、ITや設備、研究開発、人材育成に対する投資額を事業承継前から増加させたと回答する割合が高い

• 後継者の準備期間中の取組

＊「主に後継者が意思決定を行っている」企業は、「主に先代経営者が意思決定を行っている」企業と比較して、「自社の経営資源・財務状況の理解に努めた」、「従業員と自社の課題等について話し合う機会を設けた」、「自社の経営に携わり、経営に関する哲学や手法を学んだ」といった取組の回答割合が高い

- 先代経営者の事業承継後の役割
  - ＊「主に後継者が意思決定を行っている」企業では先代経営者は主に「経営の助言者・相談相手」などの役割を担っている→「主に先代経営者が意思決定を行っている」企業では先代経営者は社外関係者との関係を保つ役割や現経営者の経営に対する規律付けの役割を担っている
- 先代経営者の事業承継後の関与に関する満足度
  - ＊先代経営者の事業承継後の役割等を「十分話し合った」と回答した企業は事業承継後における先代経営者の経営に関する関与について「満足」と回答する割合が68.0％と最も高い

③後継者の次世代の組織づくりと新たな挑戦

a．後継者の次世代の組織づくり

＊事業承継を機に「従業員の自主性が十分高まった」、「従業員の自主性がやや高まった」と回答した企業は6割を超える

＊「従業員の自主性が高まった」企業は、「従業員の自主性が高まっていない」企業と比較して、売上高年平均成長率の水準が「高」、「やや高」と回答した割合が高い

＊事業承継を機に従業員の自主性が高まった企業は、自主性が高まっていない企業と比較して特に従業員へ経営の方向性を示す取組や社内の風通しを良くする取組の実施割合が高い傾向にある

＊「権限委譲を進めている」企業は、「権限委譲を進めていない」企業と比較して、「従業員の自主性が高まった」と回答した割合が高い

b．後継者の事業再構築

- 後継者の事業再構築の取組状況
  - ＊事業承継を機に約6割の企業が事業再構築に取り組んでいる
  - ＊事業承継時の経営者年齢が若い企業ほど、事業再構築に取り組む傾向
  - ＊既存事業に対する問題意識や将来の成長に向けて事業再構築に取り組む後継者が多い
  - ＊事業承継を機に事業再構築に取り組むことで売上高や付加価値額などの企業パフォーマンスを向上させている企業が存在→企業を成長させる機会になる可能性
  - ＊事業再構築は後継者が経営者として成長する機会にもなる
- 事業再構築を成功させるための取組
  - ＊事業再構築を進める上で人材確保を課題と感じている後継者が多い→また、自社にない新しい技術や情報を求めている様子もうかがえる
  - ＊先代経営者は後継者の挑戦を許容して事業承継後は後継者に運営を任せる意識を持つことが重要→後継者は経営者としての意欲や能力を示す必要がある
  - ＊事業再構築を「事業承継前に検討」していた企業は、事業再構築が売上の増加に「大きく寄与した」「ある程度寄与した」と回答した割合が8割を超える

＊従業員から信認を得ており、かつ事業再構築に取り組んでいる企業は売上高年平均成長率の水準が最も高い傾向→後継者が従業員から信認を得ておくことは重要

＊後継者が事業再構築に取り組む際、先代経営者や従業員から反発を受けた企業も一定数存在する→後継者が自ら積極的に行動する姿勢を示す取組や小さな成功体験を積み重ねる取組などを通じて先代経営者や従業員から理解を得ていくことが重要

＊「設備の購入・更新」「必要な知識・スキルを持った従業員の採用」「顧客・取引先等からの要望・ニーズの収集」が事業再構築を成功させる上で重要な取組である→また、「自社の強みの掘り下げ」を回答する割合が最も高く、後継者は自社の強みを活用することを重視している様子がうかがえる

＊事業再構築が売上増加に寄与した企業では、後継者は事業承継前に自社の経営や実務に関わる機会が多い傾向にある→経営や営業等の実務経験を通じて、自社の強みを認識することの重要性がうかがえる

＊自主性の高い従業員を充実させておくことは事業再構築を行う上で重要な取組

＊事業承継を機に従業員の自主性が高まり、事業再構築に取り組んだ企業は売上高年平均成長率の水準が最も高い

④M&A

a．M&Aの動向

- (株) レコフデータ：M&Aの件数は近年増加傾向で推移→2022年は過去最多の4,304件
- (独) 中小企業基盤整備機構：事業承継・引継ぎ支援センターの相談者数・成約件数共に近年増加傾向→中小企業でも増加

b．M&A成立前までの取組

- 買い手の希望するM&A相手先企業の特徴

  ＊規模：自社より小規模　業種：同業種　属性：仕入先・協力会社　地域：比較的近隣の地域　形態：水平統合
- 買い手のM&Aの目的：「売上・市場シェア拡大」が最も多く7割超→「新事業展開・異業種への参入」が3番目に多い→M&Aを企業規模拡大や事業多角化といった成長戦略の一環として捉えている企業が多い→「人材の獲得」が2番目で5割超であり、M&Aを人材獲得手段と捉えている企業も存在する
- M&Aの満足度が「期待以上となった」企業は、「期待を下回った」企業と比較して、「相手先経営者や従業員の人柄・価値観」を重視する傾向
- M&Aを実施する際の障壁：「相手先従業員等からの理解が得られるか不安がある」が5割以上と最も高い→「判断材料としての情報が不足している」「期待する効果が得られるかよくわからない」「相手先企業が見つからない」と回答した割合がそれぞれ3割超

c．M&A成立前後の統合作業

- PMI（Post Merger Integration）：「主にM＆A成立後に行われる統合に向けた作業であり、M＆Aの目的を実現させ、統合の効果を最大化するために必要なもの」とされている
- PMIについて「聞いたことがない」と回答した企業が7割超→中小企業の大半がPMIを認知していない状況→更なる普及・啓発が必要
- M&Aで期待した成果を得る上で、早期の段階からM&A成立後を見据えて、PMIの準備を行うことが重要
- M&Aの目的・戦略を「自社と相手先の双方で明確にしていた」企業は、M&Aの満足度が「期待以上」となっている割合が最も高い→そうでない企業と比較すると、30ポイント近く差異が出ている
- M&Aの目的・戦略を買い手企業と売り手企業双方で明確にしておくことが企業の成長につながる
- 買い手がPMIを実施する際の課題→「自社従業員と相手先従業員の一体感の醸成」が50.3％と最も高い→「相手先従業員のモチベーション向上」が47.2％で2番目に高い
- 買い手のM&Aの具体的な効果→「商品・サービスの拡充による売上げ・利益の増加」「商圏拡大による売上げ・利益の増加」を実感している企業が多い→「技術・ノウハウ等の横展開」「ブランドや信用力の向上」など双方の経営資源を組み合わせた相乗効果を実感している企業も存在

(2) 起業・創業

①起業・創業の動向

a．我が国の起業の実態

- 開業率：1988年度をピークに低下傾向に転じた→2000年代を通じて緩やかな上昇傾向→2018年度に再び低下→足下では4.4％
- 廃業率：1996年度以降増加傾向で推移→2010年度からは低下傾向で推移
- 業種別開廃業率（2021年度）
  - ＊開業率：「宿泊業、飲食サービス業」→「生活関連サービス業、娯楽業」→「情報通信業」の順に高い
  - ＊廃業率：「宿泊業、飲食サービス業」→「生活関連サービス業、娯楽業」→「小売業」の順に高い
  - ＊開廃業率が共に高い業種：「宿泊業、飲食サービス業」「生活関連サービス業、娯楽業」
  - ＊開廃業率が共に低い業種：「運輸業、郵便業」「鉱業、採石業、砂利採取業」「複合サービス業」

- 都道府県別開廃業率（2021年度）
  ＊開業率：沖縄県→福岡県→埼玉県の順に高い
  ＊廃業率：福島県→愛知県→大分県の順に高い
- 企業年齢が若いほど、常用雇用者純増数が大きくなり、多くの雇用を生み出している→起業・創業を促すことの意義は雇用創出の観点からも大きい
- 国際的に見ると日本の開廃業率は相当程度低水準

b．起業の目的や直面する課題

- 起業の目的：各年代において「仕事の経験・技術・知識・資格等をいかすため」「自分の裁量で自由に仕事をするため」と回答する割合が高い→30歳代以下の若い層では「自分の裁量で自由に仕事をするため」「高い所得を得るため」と回答する割合が他の年代と比較して高い→40歳代より高い年代の層では「高い所得を得るため」と回答する割合は低く、地域の雇用維持・拡大、地域社会が抱える課題解決、地域の産業発展への貢献、といった内容の回答割合が高い
- 「仕事のやりがい・達成感」「仕事の業務内容」など創業した多くの経営者が事業に対して満足感を得ていることがうかがえる
- 起業の準備段階で生じた課題（年代別）：全体では「事業に必要な専門知識、経営に関する知識・ノウハウが不足していた」の回答割合が高く、次いで「資金調達方法の目処がつかなかった」が高い→30歳代以下では、事業・経営に必要な専門知識・ノウハウの不足の回答割合が特に高くなっており、起業の障壁となっている様子がうかがえる
- 起業に踏み切れた理由（年代別）：各年代で「起業について、相談できる支援者がいた」が最も高い→30歳代以下では「身につけるべきスキルを習得した」、40歳代以上の各年代では「資金調達の目処が立った」が高くなっている

②起業・創業に向けた取組

a．経営者の能力・強みや経験

- 経営者が創業時に身につけていた能力・強み：「業界に関する知識・経験」→「リーダーシップ」→「取引先拡大に向けた営業力」
- 「取引先拡大に向けた営業力」「マーケティング能力」「リーダーシップ」といった能力は、高い成長率の企業と低い成長率の企業で保有割合の差が大きくなっている→創業時までにこれらの能力を獲得することが重要
- 能力・強みが、5～9個、10～14個と多くなるにつれて、売上高成長率の高い企業の割合が多い→起業後の成長において、経営者が多くの能力・強みを創業時に身につけていることが重要である可能性
- 同業での就業経験により培った業界での経験・知識をいかすことで、早期の黒字化につなげている可能性がうかがえる

b．創業時における人材確保

- 人数面、能力面のそれぞれにおいて、創業時に確保できているほど、売上高成長率が高い企業の割合が多くなる→創業時には、人数・能力のそれぞれの観点で人材確保に注力することが重要である可能性がうかがえる
- 創業期に確保した重要度の高い人材：「経営者を補佐する右腕人材」→「営業・販売に長けた人材」→「定型業務を行う人材」
- 創業期に有効だった採用方法：「前職等関係者の採用」→「ハローワーク」→「経営者の知人・友人や社員からの紹介の活用」→経営者等の持つ人的ネットワークを活用した採用も有効である可能性がうかがえる

c．企業の成長を促す資金調達

- 開業資金の規模が大きいほど、売上高成長率と従業員数増加率の高い企業の割合が多い→開業資金の規模がその後の売上高の成長率や従業員の増加率に寄与する可能性
- 開業資金の規模が大きくなるほど、外部からの資金調達を行っている割合が高くなる→開業資金を十分に確保する上で、自己資金だけでなく外部機関から資金を調達することが必要になっている様子がうかがえる
- 創業計画への記載状況：「資金繰り計画（資金使途と調達方法）」「事業の見通し及びその根拠」について、記載が「十分当てはまる」「ある程度当てはまる」と回答した割合が高くなっている
- 創業計画の充実度が「高」の企業は、充実度が「低」の企業と比べて、外部資金の調達状況において「100％以上」と回答している割合が高くなっている→創業計画の記載内容を充実させることで、金融機関等の外部資金調達先に対して自社の事業の強みなどを十分に伝えられ、資金調達の円滑化につながっている可能性が示唆される

d．創業時における差別化の重要性

- 創業時に実施した差別化の取組内容：「製品・サービスの高機能化」「類似のない新製品・サービスの開発」と回答する企業の割合が高い
- 「EC等の新たな販売方法の導入」「価格帯で差別化された製品・サービスの販売」「特定顧客向け製品・サービスの開発」「用途・デザイン・操作性で差別化された製品の開発」といった取組において、売上高成長率の高い企業の割合が多くなっている
- 差別化に取り組んでいた企業は、取り組んでいなかった企業と比べて、売上高成長率と従業員数増加率の高い企業の割合が多い→差別化に取り組むことは、創業時の成長の観点で重要である可能性が示唆される
- 「競合他社と比較した事業の強み」「自社が対象とする市場規模の把握」といった項目において、差別化に取り組んでいなかった企業と比べて、創業計画の記載状況の差が大きくなっている→創業時に差別化の取組を行った企業では、自社の立ち位置や、市場や外部環境の把握を行い、それを創業計画に反映している様子がうかがえる

③起業・創業後の取組

a．**各成長段階における、確保できた重要度の高い人材**：いずれの段階でも、「経営者を補佐する右腕人材」「営業・販売に長けた人材」の重要度が高く、成長段階が進むにつれてその割合が高まっている→それ以外の人材についても全般的に割合が上昇→成長段階に応じて多様な人材を確保していくことの重要性が示唆される

b．**創業時と現在における、経営者が身につけている能力・強みの比較**：創業時から現在にかけて「持っている」と回答した割合は全ての項目で増加している→創業以降において、経営者が各能力・強みを身につけるよう取組を行っている様子がうかがえる→増加割合の大きい上位項目は「決算書などの計数管理能力」「税務・法務等各種手続き等の実務能力」「経営について相談できるネットワーク」「事業計画の策定能力」の順に高くなっている→その重要性を経営者が認識し、獲得に向けて取り組んでいることが示唆される

c．**定期的な事業計画の見直しの頻度が高いほど、外部環境への対応が「十分にできている」「ある程度対応できている」と回答する合計の割合が高い→不確実な環境の変化に対応して事業を継続できるようにするためには、想定していた事業計画を見直す必要があることが示唆される**

――❸中小企業・小規模事業者の共通基盤――

(1)取引適正化と価格転嫁

①企業間取引の動向

a．**受注量の状況**：業種にかかわらず、3割弱程度の企業で、2019年、2021年より増加

b．**受注単価の状況**：製造業、サービス業において増加→感染症流行以降、一定程度増加

c．**コストの変動状況**：原材料・仕入コスト、人件費、エネルギーコストのいずれも、製造業がサービス業と比べて上昇→製造業は対2021年比、2019年比のいずれも8割以上で原材料・仕入コスト、エネルギーコストが上昇

d．**コストの変動に対する価格転嫁の状況**

- 各コストの変動に対する価格転嫁の状況
  - ＊製造業では原材料価格の変動が反映→労務費、エネルギー価格の変動は、いずれの業種でも、比較的反映されていない→特に、労務費は全ての業種で共通して半数以上が十分な価格転嫁を行えていない→賃上げの原資となる価格転嫁は重要な課題
- コスト変動を価格転嫁できた理由
  - ＊原材料価格、エネルギーコスト：価格変動に応じた交渉や、販売先の市況への理解
  - ＊労務費：販売先との十分な協議、最低賃金の上昇

- 取引依存度別価格転嫁の状況：取引依存度の高い企業で、反映されなかった割合が高い
- 直近10年の販売先数の変化別の価格転嫁の状況
  - ＊販売先数の増加した事業者において、横ばい、減少した事業者より「おおむね反映」、「一部反映」の割合が高い→販売先数の増加が価格転嫁に向けて重要
- 価格転嫁が困難な理由
  - ＊「商品・サービスのブランド化や差別化による競争力が弱い」、「競合他社の商品価格との価格交渉力が弱い」→受注側企業では「当てはまる」、「やや当てはまる」があわせて3割超であり、発注側企業でも他の理由と比べて一定数存在→受注側企業、発注側企業の双方で取引する商品・サービスの競争力の確保が課題

(2) 中小企業のデジタル化推進に向けた取組

①中小企業のデジタル化進展のきっかけと背景

a．中小企業のデジタル化の取組状況

- デジタル化の取組段階
  - ＊段階1：紙や口頭による業務が中心で、デジタル化が図られていない状態
  - ＊段階2：アナログな状況からデジタルツールを利用した業務環境に移行している状態
  - ＊段階3：デジタル化による業務効率化やデータ分析に取り組んでいる状態
  - ＊段階4：デジタル化によるビジネスモデルの変革や競争力強化に取り組んでいる状態
- 時点別に見た、デジタル化の取組状況
  - ＊2019年時点：取組段階が3又は4と回答した企業は2割未満
  - ＊2022年時点：取組段階が3又は4と回答した企業が3割超→デジタル化の取組段階が進展
  - ＊2025年時点（見込み）：2022年時点と比較して更にデジタル化が進展すると見込む企業の割合が増加
  - ＊従業員規模別：20人以下の企業→いずれの時点でも21人以上の企業と比べて段階1や2の企業が多い→2022年時点では2019年時点と比較して取組段階の差が拡大

b．中小企業のデジタル化のきっかけ

- 中小企業がデジタル化に取り組んだきっかけ（従業員規模別）
  - ＊20人以下：「支援機関等からの推奨」が最多→「取引先からのデジタル化の対応要請」が続く→社内よりも社外からの要請などをきっかけとする企業の割合が高い
  - ＊21人以上：「取引先からのデジタル化の対応要請」は一定数存在も「社内からのデジタル化に対する要望」が最多→社内の従業員等からの提案や要望などがきっかけ
- 事業承継をきっかけとしたデジタル化の進展

＊2010年以降に事業承継を実施した企業：実施していない企業と比較→段階4の割合は同水準→段階1の割合は低く、段階3の割合は高い→事業承継実施企業のデジタル化の取組段階が進展

＊中小企業全体の約半数が事業承継をきっかけとしてデジタル化が進展→従業員規模に関わらず50％前後の企業が進展→事業承継は従業員規模の少ない企業にとってもデジタル化進展のポイント

＊事業承継をきっかけにデジタル化に取り組んだ理由：「顧客・取引先の要請やニーズへ対応するため」が最多→「既存事業の将来性に対して危機感を抱いていたため」が続く→後継者がデジタル化を進展

c．中小企業のデジタル化が進展しない理由

＊従業員規模の大きい企業：「費用の負担が大きい」、「デジタル化を推進できる人材がいない」→経営資源の不足が要因

＊従業員規模が20人以下の企業：「必要性を感じていない」、「どのように推進してよいか分からない」→デジタル化の知識、ノウハウの不足が要因

d．市区町村の人口規模別に見るデジタル化進展の背景

＊人口規模が大きい市区町村に所在する企業ほどデジタル化が進展→1万人未満とそれ以外でデジタル化の取組の差が拡大→東京都特別区では特に進展

＊デジタル化の取組に関わる環境：人口規模が大きい市区町村に立地する企業ほど整っている→東京都特別区では特に顕著→環境が一つの要因

＊「自治体」要素の重要度：東京都特別区を除き、いずれの人口規模でも、①自治体のリーダーシップ、②自治体DXの取組、③自治体の支援→8割程度の企業が重要と回答→いずれの人口規模でも①～③のそれぞれについて十分と回答した企業は約3割にとどまる

＊「ITベンダー」要素の重要度：④ITベンダーの数では約7割、⑤ITベンダーの質では約8割が重要と回答→東京都特別区を除き、人口規模による認識の違いはない。一方、人口規模が小さいほど④、⑤共に「十分ではない」という回答の割合が高い傾向

＊「日常的に相談できる事業者」要素の重要度：東京都特別区を除き、人口規模にかかわらず、⑥日常的に相談できる事業者の数、⑦日常的に相談できる事業者の質、いずれも8割以上の企業が「重要である」と回答。一方、⑥、⑦共に、人口規模が小さいほど、「十分ではない」という回答の割合が高い傾向→人口1万人未満では約8割が「十分ではない」と回答→日常的に相談できる事業者が不足

＊「その他」要素の重要度：⑧支援機関による支援の重要度→人口規模が小さいほど、「重要である」と回答した企業の割合が高い傾向→人口規模が5万人未満の市区町村では9割超。⑨地域内の経営者コミュニティの重要度→人口規模が小さいほど、「重要である」と回答した企業の割合が高い傾向→⑧及び⑨の現状に大きな差はな

い。⑩通信インフラの整備の重要度→全ての人口規模の市区町村において、9割程度の企業が「重要である」と回答→人口規模が小さいほど現状は「十分ではない」と回答した企業の割合が高くなる傾向

②中小企業のデジタル化推進に向けた戦略とデジタル人材

a．中小企業のデジタル化の推進に向けた戦略的な取組

- デジタル化を推進する部署（人）：「経営者（経営層）」が48.0%と最も高い→経営者が主体となってデジタル化を推進。他方、約4割の企業で「推進する部署（人）はない」→デジタル化を推進する決まった部署や担当者がいない企業が一定数存在
- デジタル化の推進に向けた戦略的な取組
  * デジタル化のビジョン・目標の設定の実施状況と効果：従業員規模が大きい企業ほど、設定の割合が高い。一方で、従業員規模が20人以下の企業の設定の割合は2割を下回る
  *「ビジョン・目標を定めている」企業の約9割がデジタル化の効果を実感
  * デジタル化の取組を推進する際の業務の棚卸しの実施状況と効果：従業員規模が21人以上の企業で「十分にできている」又は「ある程度できている」と回答した割合が約5割。一方で、従業員規模が20人以下の企業では同割合が約3割にとどまる→「十分にできている」と回答した企業の割合は、いずれの従業員規模でも10%を下回っている
  * 業務の棚卸しができている企業では、「できていない」と回答した企業と比べて、デジタル化の効果を実感。さらに、「十分にできている」企業では、「十分に効果があった」と回答した企業の割合が特に高い
  * デジタル化の取組に対する評価指標の設定及び管理の状況と効果：全体では、デジタル化の取組に対する評価指標を設定している企業は2割程度→達成状況の管理まで実施している企業は1割以下→従業員規模が大きいほど、実施できている企業の割合が増加
  * デジタル化の取組に対する費用対効果の検討状況と効果：従業員規模が21人以上の企業の約5割で費用対効果を検討できているのに対し、従業員規模が20人以下の企業の検討割合は約3割にとどまる
  * IT投資が機動的に行えるようなデジタル化関連予算の確保状況と効果：従業員規模が大きい企業ほど予算確保の一方、従業員規模が20人以下の企業では2割未満
  * デジタル化の取組が進展していない要因：「費用の負担が大きい」が最多

b．デジタル人材の確保・育成に向けた取組

- デジタル人材の確保状況
  * デジタル化の取組段階が進展している企業ほど、「デジタル化の戦略を推進する人材」を確保
  * いずれの取組段階の企業でも「各種データを基に、デジタルを活用した業務プロセ

スの改善等を提言できる人材」を最も多く確保

＊デジタル化の取組段階が進展している企業ほど、「デジタル化の技術を担う人材」を確保

＊いずれの取組段階の企業でも「デジタル事業全体のシステム構想ができる人材」を最も多く確保、次いで「各種指標についてデータ分析ができる人材」が続く

• 経営者のデジタルスキル育成のための取組

＊経営者のデジタルスキル育成のための取組の実施状況：デジタル化の取組段階が3や4の企業の経営者は、取組を実施している割合が約7割である一方、段階1の企業の経営者では、取組を実施している割合は2割未満

• デジタル人材の確保・育成に向けた取組

＊人材の確保・育成に向けた取組例

＊①デジタル人材が必要となっている自社の経営上の課題や、会社の方針を定める経営理念を見つめ直している

＊②デジタル人材が必要となっている業務を見つめ直し、人材確保の対応策を考えている

＊③求めるスキルや人材像(求人像)を明確化し、その確保に最適な方法を検討している

＊④外部からの求人・採用や、内部からの登用・育成など、実際に人材の確保を開始している

＊⑤確保した人材が活躍・定着できるように、フォローアップ体制や勤務環境の整備を行っている

＊デジタル化の戦略を推進する人材の確保状況別のデジタル人材の確保・育成に向けた取組の実施状況：①〜⑤のいずれの取組でも、確保できている企業の方が確保できていない企業と比べて「当てはまる」又は「やや当てはまる」と回答した割合が高い

＊デジタル化の技術を担う人材の確保状況別のデジタル人材の確保・育成に向けた取組の実施状況：デジタル化の戦略を推進する人材と同様に、①〜⑤のいずれの取組でも、確保できている企業の方が確保できていない企業と比べて「当てはまる」又は「やや当てはまる」と回答した割合が高い

＊デジタル人材の確保・育成に向けた五つの取組例について、実施している取組個数別のデジタル人材の確保状況：①のデジタル化の戦略を推進する人材、②のデジタル化の技術を担う人材共に、デジタル人材の確保・育成に向けた取組例の取組個数が多い企業ほど、デジタル人材を確保できている

③中小企業のデジタル化推進に向けた支援機関の活用と地域内連携

a．デジタル化の取組に関する支援機関への相談状況

• デジタル化に関する支援機関への相談経験の有無：約4割が支援機関に対してデジ

タル化の取組に関して相談→従業員規模が小さい企業ほど、相談経験がある企業の割合が高い傾向

- 相談内容：「ITツールの選定」が最も多く、「ITツール導入時の支援（導入計画、社員への研修など）」が続く
- 相談の際に得られた成果：約9割の企業で成果→従業員規模が小さい企業では、成果を実感している企業の割合が高い傾向
- 支援機関に支援を求めたい内容：従業員規模が50人以下の企業で「ITツールの選定」が最多→従業員規模51～100人の企業では「費用対効果の測定」、従業員規模101人以上の企業では「デジタル人材の確保・育成」がそれぞれ最多

b．中小企業のデジタル化に対する支援機関の支援状況と支援機関同士の連携

- 中小企業のデジタル化に対する支援機関の支援状況
  - ＊約7割の支援機関で中小企業のデジタル化に関する支援経験あり
  - ＊6割以上の支援機関でデジタル化に関する相談件数が増加
  - ＊支援経験のある相談内容と最も強みを発揮できる支援内容：共に「IT専門家（ITコーディネータ、ITコンサルタント等）の紹介」が最多、次いで「ITツールの選定」が多い
  - ＊自機関の支援能力の評価：5年前と比較して「ある程度対応できている」と回答した支援機関が大幅に増加。「十分に対応できている」と回答した支援機関は5年前から余り増加していない
- 支援機関同士の連携
  - ＊8割以上の支援機関が他の支援機関と連携
  - ＊連携先の支援機関：「中小企業診断士」が最多で「よろず支援拠点」、「コンサルタント」が続く
  - ＊連携の効果：全体の8割以上の支援機関で連携の効果を実感
  - ＊他の支援機関と連携ができている支援機関の特徴：他の支援機関の支援状況や強みを有している支援分野を把握している支援機関ほど連携している傾向

(3) 支援機関における能力向上と連携、経営力再構築伴走支援

①支援機関による支援の現状

a．課題解決の状況

- 相談員一人当たり支援件数：支援機関全体では各相談員が1か月に約30件の支援を実施→よろず支援拠点で50件超、商工会・商工会議所で40件超、税・法務関係士業では10件を下回る
- 支援対象企業の業績傾向：支援機関全体では、成長志向企業を多く支援している支援機関が約4割→事業継続企業を多く支援している支援機関が約6割
- 課題解決割合：4割程度の支援機関において、事業者の課題の6割以上を解決
- 支援機関が単独で対応できる経営課題：「事業計画策定」、「資金繰り」、「経営改善」、

「創業」、「専門家活用」は、全ての支援機関において対応できる割合が高い。一方、「生産設備増強、技術・研究開発」、「人材採用・育成」、「海外展開」は、対応できる割合が低い

- 単独で対応できる経営課題：よろず支援拠点は、他機関と比べて単独で対応できる経営課題が多い→税・法務関係士業、中小企業診断士は、「事業承継・M&A」において、中小企業診断士、金融機関は「企業再生」において、それぞれ単独で対応できる支援機関 の割合が他機関と比べて高い。一方、税・法務関係士業は、「販路開拓・マーケティング」において、単独で対応できる支援機関の割合が他機関と比べて低い
- 支援の重要性が高まった経営課題：「事業計画策定」、「事業承継・M&A」→支援対象企業の業績傾向別で見ると、「生産設備増強、技術・研究開発」、「人材採用・育成」では成長志向企業を多く支援している支援機関の方が、「資金繰り」、「経営改善」では事業継続企業を多く支援している支援機関の方が、それぞれ支援の重要性が高まった
- 経営者の成長意欲が高い事業者、低い事業者共に、「金融機関」と「税・法務関係士業」の利用満足度が高い
- 経営者の成長意欲が高い事業者、低い事業者共に、「事業計画策定」、「販路開拓・マーケティング」、「人材採用・育成」、「資金繰り」、「経営改善」で支援機関の利用を検討

b．本質的な課題設定の状況

- 本質的な課題設定をできたケースが「とても多い」、「多い」と回答した支援機関は約4割→よろず支援拠点、中小企業診断士において特に多い
- 事業者は支援機関による支援により、本質的な課題設定ができることを期待

c．伴走支援の実施状況

- 伴走支援の実施状況：支援機関全体では、伴走支援を「十分にできている」、「ある程度できている」と回答した割合の合計は7割超→よろず支援拠点と中小企業診断士において、「十分にできている」と回答した割合が高い。一方、税・法務関係士業では、「十分にできている」、「ある程度できている」の合計が約5割と低い
- 伴走支援件数の増減状況：約7割の支援機関で3年前と比べて増加
- 伴走支援による事業者の成長・発展への寄与：「伴走支援を実施することは、事業者の持続的な成長・発展に寄与している、又は、今後寄与すると思うか」について、支援機関全体で、「とてもそう思う」、「ある程度そう思う」と回答した割合の合計が9割超
- 伴走支援の取組の進展がもたらす効果：「地域内取引の増加」の割合が約6割と最多→「DX、GX等の新たな取組の進展」、「中堅企業の増加」、「労働者の所得向上」、「就労機会の増加」と続き、いずれも2割を超える

- 伴走支援を実施する上での課題：伴走支援が実施できている支援機関では「支援人員の不足」、「支援ノウハウ・知見の不足」と回答した割合が高い。また、伴走支援が実施できていない支援機関では「支援ノウハウ・知見の不足」の割合が他の課題と比べて最も高い

②支援機関の支援能力向上の取組

- 支援ノウハウの蓄積ができているほど、課題解決、本質的な課題設定、伴走支援の実施が進んでいる傾向
- OJTの実施や有効事例の共有ができているほど、支援ノウハウの蓄積が進んでいる傾向
- 各相談員の支援能力の見える化ができているほど、OJTの取組を「十分にできている」、「ある程度できている」と回答した割合が高い
- 相談員同士の連携が「十分にできている」、「ある程度できている」と回答している支援機関ほど課題解決割合が高い
- 各相談員の支援能力の見える化ができているほど、相談員同士の連携が「十分にできている」、「ある程度できている」と回答した割合が高い
- 組織全体の支援について、「支援内容ごと（経営課題別等）に支援計画を策定し、定期的に計画を見直している」、「支援件数の合計について支援計画を策定し、定期的に計画を見直している」と回答した支援機関ほど、課題解決割合が高い
- 組織全体の支援について、「支援内容ごと（経営課題別等）に支援件数の見える化を実施している」、「支援件数の合計のみ見える化を実施している」と回答した支援機関ほど、支援計画を策定し、定期的に見直しを実施している割合が高い

③支援機関同士の連携

- 支援機関同士の連携：「事業計画策定」、「販路開拓・マーケティング」、「資金繰り」、「経営改善」、「事業承継・M&A」、「創業」では頻繁に連携の一方、「生産設備増強、技術・研究開発」、「人材採用・育成」、「企業再生」、「海外展開」では連携が低調
- 他機関との連携の成果：「事業計画策定」、「資金繰り」、「経営改善」、「創業」では、他機関との連携が事業者の経営課題の解決に「とてもつながっている」、「ある程度つながっている」と回答した割合の合計が9割超、「生産設備増強、技術・研究開発」では約8割、「人材採用・育成」では約7割、「海外展開」では約6割
- 連携先支援機関と連携時の役割
  - ＊商工会・商工会議所：支援対象事業者を適切な支援機関に紹介し、自身も支援に加わる
  - ＊よろず支援拠点：「事業計画策定」や「販路開拓・マーケティング」において、他の支援機関から支援対象事業者の紹介を受け支援を行う
  - ＊経営課題別に見ると、「資金繰り」では金融機関、「事業承継・M&A」では事業承継・引継ぎ支援センター、「海外展開」ではJETRO（日本貿易振興機構）の割合が

それぞれ最も高い

- 他機関からの理解状況：「商工会・商工会議所」、「金融機関」は、実施している支援の内容や、経営課題に応じて構築している支援体制について、他機関が「十分に理解できている」、「ある程度理解できている」と回答した割合の合計が約9割と高いが、「都道府県等の中小企業支援センター」、「コンサルタント」、「中小企業基盤整備機構」は約7割、「JETRO（日本貿易振興機構）」は約5割と低い
- 「販路開拓・マーケティング」、「人材採用・育成」の経営課題における他機関との連携状況：いずれの経営課題でも、他機関に対する理解度が高い支援機関ほど、他機関との連携を頻繁に行っている

2

重要ポイント攻略編

（1次・2次試験対策）

第1問　我が国経済の現状

●実質GDP成長率の推移

実質GDP成長率の推移を確認すると、2022年は前年比［①］となった。2022年を通じた動きをみると、感染症の流行等により第1四半期はマイナス成長となったが、経済活動の再開等を背景に、第2四半期はプラス成長に転じた。第3四半期は［②］の急増によりマイナス成長となったが内需は堅調であり、足下の2022年第4四半期は前期比［③］となった。

●業況判断DIの推移（全国企業短期経済観測調査）

2022年は、新型コロナウイルス感染症による厳しい状況が徐々に緩和され、緩やかに持ち直してきた。日本銀行「全国企業短期経済観測調査」の業況判断DIの推移を確認すると、［④］四半期を底に製造業、非製造業共に回復傾向が継続した。2022年は1年を通じてプラスとなり、中でも［⑤］は回復傾向にある。

（設問1）

文中の空欄①～⑤に適切な語句または数値を記入せよ。

（設問2）

業種別の消費動向に関して、次の文章の空欄A～Cに入る語句の組み合わせとして、最も適切なものはどれか。

サービスと財の消費支出及び、特に感染症の影響を大きく受けた外食、宿泊、交通の消費支出の推移を確認すると、2021年は、緊急事態宣言・まん延防止等重点措置が発令されている期間に、消費支出が感染症流行前の水準から大きく減少したが、2022年は［A］において、感染症流行前を上回る時期もあるなど、回復の傾向が見られた。

その一方で、［B］や［C］においてはいまだ感染症流行前の水準には戻っておらず、業種によっては厳しい状況が続いている。

ア　A：財　B：外食　C：宿泊
イ　A：財　B：宿泊　C：交通
ウ　A：サービス　B：外食　C：交通
エ　A：財・サービスそれぞれ　B：外食　C：宿泊
オ　A：財・サービスそれぞれ　B：宿泊　C：交通

☞ 解答・解説

＜中小企業白書　第1部第1章第1節＞

解　答

(設問1)
①1.0%増　②輸入　③0%　④2020年第2　⑤非製造業

(設問2)
オ　A：財・サービスそれぞれ　B：宿泊　C：交通

解説

【2023年版の中小企業白書より】

2022年は、新型コロナウイルス感染症（以下、「感染症」という。）による厳しい状況が徐々に緩和され、緩やかに持ち直してきた。

内閣府「国民経済計算」を用いて実質GDP成長率の推移を確認すると、2022年は前年比1.0%増となった。2022年を通じた動きを見ると、感染症の流行等により第1四半期にはマイナス成長になったが、経済活動の再開等を背景に、第2四半期はプラス成長に転じた。第3四半期は輸入の急増によりマイナス成長となったが内需は堅調であり、足下の2022年第4四半期は前期比0%となった（第1-1-1図）。

日本銀行「全国企業短期経済観測調査」を用いて業況判断DIの推移を確認すると、業況判断DIは2020年第2四半期を底に製造業、非製造業共に回復傾向が継続した。2022年は1年を通じてプラスとなり、中でも非製造業は回復傾向にある（第1-1-2図）。

（株）ナウキャスト／（株）ジェーシービー「JCB消費NOW」より中小企業庁作成資料を用いて業種別消費支出の推移を確認すると、2022年は財・サービスそれぞれにおいて、感染症流行前を上回る時期もあるなど、回復の傾向が見られた。その一方で、宿泊や交通においてはいまだ感染症流行前の水準には戻っていない様子が分かる（第1-1-3図）。財は小売業消費、サービスはサービス業消費を指す。

【重要ワード】

- **実質GDP**：一定期間に国内で生産されたモノやサービスの付加価値の合計額（名目GDP）から、物価変動の影響を除いたものであり、国内の景気を測る指標として用いられる。
- **業況判断DI**：最近の業況について「良い」と答えた企業の割合（%）から「悪い」と答えた企業の割合（%）を引いたもの。

第2問 中小企業・小規模事業者の業況と業績

●業況判断DIの推移（中小企業景況調査）

2020年は感染症流行による経済社会活動の停滞により、業況判断DIは急速に低下し、第2四半期に［①］時を超える大幅な低下となったが、その後は回復傾向が見られた。2021年は上昇と低下を繰り返していたが、［②］四半期で大きく上昇し、感染症流行前の水準に戻った。その後は中期的には回復基調にあるものの、［③］や［④］等が直近期の押し下げ要因となり、2期連続で低下した。業種別に業況判断DIの推移を確認すると、［⑤］を除き、2020年第2四半期は大きく業況が悪化したが、その後いずれの業種でも2期連続で回復した。その後は、業種ごとに傾向は異なるが、［⑥］を除いた全ての業種において、2022年第2四半期で大きく上昇し、その後2期連続で低下している。

●売上高と経常利益の状況

中小企業の売上高は、2019年以降は減少に転じた中で、感染症の影響により更に減少したが、［⑦］四半期を底に2022年第4四半期まで増加傾向で推移している。

中小企業の経常利益は、2020年に入ると感染症の影響により減少に転じ、［⑧］四半期を底に緩やかな増加傾向で推移し、感染症流行前の水準まで回復した。2022年第1四半期以降は大企業の経常利益が大きく増加しているのに対して、中小企業はおおむね［⑨］で推移しており、2022年第4四半期は［⑩］傾向に転じた。

(設問1)

文中の空欄①～⑩に適切な語句を記入せよ。

(設問2)

次の文章の空欄A～Cに入る業種の組み合わせとして、最も適切なものはどれか。

2020年は多くの業種で2019年と比べて売上高が減少していたが、2022年になると「建設業」、［A］、［B］、［C］おいて2019年に比べて売上高が増加するなど、業種によっては感染症流行前の水準以上まで回復している。一方で、「生活関連サービス業、娯楽業」「宿泊業、飲食サービス業」においてはそれぞれ大幅減が続いており、引き続き厳しい状況にある。

ア　A：情報通信業　B：卸売業　C：小売業
イ　A：情報通信業　B：運輸業、郵便業　C：小売業
ウ　A：製造業　B：情報通信業　C：運輸業、郵便業
エ　A：製造業　B：情報通信業　C：卸売業

☞ 解答・解説

＜中小企業白書　第1部第1章第2節＞

解　答

（設問1）

①リーマン・ショック　②2022年第2　③原材料の高騰　④人手不足
⑤建設業　⑥建設業　⑦2021年第1　⑧2020年第3　⑨横ばい
⑩減少（③、④は順不同）

（設問2）

イ　A：情報通信業　　B：運輸業、郵便業　　C：小売業

解説

【2023年版の中小企業白書より】

中小企業庁・（独）中小企業基盤整備機構「中小企業景況調査」を用いて中小企業の業況を確認すると、感染症流行による経済社会活動の停滞により、2020年第2四半期にリーマン・ショック時を超える大幅な低下となったが、その後は回復傾向が見られ、2022年第2四半期で大きく上昇した。しかし、原材料の高騰や人手不足等が直近期の押し下げ要因となり、2期連続で低下した（第1-1-4図）。

中小企業庁・（独）中小企業基盤整備機構「中小企業景況調査」を用いて業種別に業況判断DIの推移を確認すると、建設業を除き、2020年第2四半期は大きく業況が悪化したが、その後いずれの業種でも2期連続で回復した。その後は業種ごとに傾向は異なるが、建設業を除いた全ての業種において、2022年第2四半期で大きく上昇し、その後2期連続で低下している（第1-1-5図）。

財務省「法人企業統計調査季報」を用いて中小企業の売上高を確認すると、売上高は、リーマン・ショック後及び2011年の東日本大震災後に大きく落ち込み、2013年頃から横ばいで推移した後、2016年半ばより増加傾向となっていた。2019年以降は減少傾向に転じた中で、感染症の影響により更に減少したが、2021年第1四半期を底に2022年第4四半期まで増加傾向で推移している（第1-1-6図）。

財務省「法人企業統計調査季報」を用いて中小企業の経常利益を確認すると、2020年に入り、感染症の影響により減少に転じた。その後は、2020年第3四半期を底に再び緩やかな増加傾向で推移し、感染症流行前の水準まで回復した。一方で、2022年度第1四半期以降は大企業の経常利益が大きく増加しているのに対して、中小企業はおおむね横ばいで推移しており、2022年第4四半期は減少傾向に転じた（第1-1-8図）。

財務省「法人企業統計調査季報」を用いて中小企業の売上高の動向を業種別に確認すると、2022年になると「建設業」「情報通信業」「運輸業、郵便業」、「小売業」において2019年に比べて売上高が増加した（第1-1-7図）。

第3問　中小企業・小規模事業者の設備投資

●設備投資の状況

中小企業の設備投資は、2012年以降は緩やかな［①］傾向にあったが、2016年以降はほぼ横ばいで推移してきた。しかし、2021年から緩やかな［②］傾向が続いている。

設備の過不足感については、全体的に、2009年をピークに設備の［A］感が徐々に解消され、非製造業では2013年半ば、製造業では2017年前半に生産・営業用設備判断DIは［③］に転じた。その後、製造業は2018年後半から［B］感が弱まる傾向で推移していた。2020年に入ると急激に［A］感が強まったが、2020年第3四半期以降は［A］感が和らいでおり、足下では横ばいの推移が続いている。非製造業においては2020年に設備の［B］感が弱まったが、2022年では、特に中小企業の方が大企業と比べて［B］感が強い傾向にある。

●今後の設備投資計画

国内民間設備投資（名目）及び中小企業設備投資の推移と見通しについて見ると、国内民間設備投資額は感染症流行後に［④］しており、先行きについて政府経済見通しでは、2023年度（令和5年度）において103.5兆円の見通しを示している。中小企業の設備投資についても、2022年度は2021年度からの［⑤］が見込まれている。

（設問1）

文中の空欄①～⑤に適切な語句を記入せよ。また、文中の空欄AとBに「過剰」または「不足」のいずれかの語句を記入せよ。

（設問2）

下線部について、設備投資における優先度の推移を見ると、2017年度と2022年度の調査では傾向に変化が見られる。2022年度において設備投資を優先度の高い順に並べた組み合わせとして、最も適切なものはどれか。

ア　「維持更新」－「生産（販売）能力の拡大」－「製（商）品・サービスの質的向上」
イ　「維持更新」－「生産（販売）能力の拡大」－「情報化への対応」
ウ　「省力化・合理化」－「生産（販売）能力の拡大」－「維持更新」
エ　「生産（販売）能力の拡大」－「製（商）品・サービスの質的向上」－「維持更新」

☞ 解答・解説

＜中小企業白書　第1部第1章第2節＞

解　答

（設問1）

①増加　②増加　③マイナス　④上昇　⑤増加　A過剰　B不足

（設問2）

エ　「生産（販売）能力の拡大」－「製（商）品・サービスの質的向上」－「維持更新」

解説

【2023年版の中小企業白書より】

中小企業の設備投資について、財務省「法人企業統計調査季報」を用いて確認すると、中小企業の設備投資は、2012年以降は緩やかな増加傾向にあったが、2016年以降はほぼ横ばいで推移してきた。しかし、2021年から緩やかな増加傾向が続いている（第1-1-9図）。

設備の過不足感について、日本銀行「全国企業短期経済観測調査」を用いて生産・営業用設備判断DIの推移を確認すると、全体的に、2009年をピークに設備の過剰感が徐々に解消され、非製造業では2013年半ば、製造業では2017年前半に生産・営業用設備判断DIはマイナスに転じた。その後、製造業は2018年後半から不足感が弱まる傾向で推移していた。2020年に入ると急激に過剰感が強まったが、2020年第3四半期以降は過剰感が和らいでおり、足下では横ばいの推移が続いている。非製造業においては2020年に設備の不足感が弱まったが、2022年では、特に中小企業の方が大企業と比べて不足感が強い傾向にある（第1-1-11図）。

日本銀行「全国企業短期経済観測調査」、内閣府「国民経済計算」「令和5年度の経済見通しと経済財政運営の基本的態度」を用いて国内民間設備投資（名目）及び中小企業設備投資の推移と見通しを確認すると、国内民間設備投資額は感染症流行後に上昇しており、先行きについて政府経済見通しでは、2023年度（令和5年度）において103.5兆円の見通しを示している。中小企業の設備投資についても、2022年度は2021年度からの増加が見込まれている（第1-1-10図）。また、日本銀行「全国企業短期経済観測調査」を用いて中小企業の設備投資計画を確認すると、2021年度の設備投資計画と比較すると低水準ではあるものの、2022年度は9月調査以降の設備投資計画が、前年度比で増加しており、積極的な設備投資の動きが継続している（第1-1-12図）。2017年度と2022年度における、今後の設備投資における優先度の推移を見ると、中小企業の今後の設備投資における優先度は、「維持更新」（2017年度57.4％→2022年度48.1％）から「生産（販売）能力の拡大」（2017年度46.5％→2022年度52.5％）や「製（商）品・サービスの質的向上」（2017年度43.2％→2022年度49.8％）とする傾向にあることが分かる（第1-1-13図）。

第4問　中小企業の資金繰りと倒産・休廃業

●中小企業の資金繰り

中小企業の資金繰りDIは、［①］後に大きく落ち込み、その後は東日本大震災や2014年4月の［②］に伴い一時的に落ち込みが見られたものの、改善傾向で推移してきた。

［③］による売上げの急激な減少とそれに伴うキャッシュフローの悪化により、2020年第2四半期に大きく下落したが、第3四半期には大きく回復した。その後、2022年第2四半期には［③］前の水準まで回復したが、足下では低下傾向にある。

●倒産件数、休廃業・解散件数の推移

我が国の倒産件数は2009年以降、［④］傾向で推移してきた中で、2021年は57年ぶりの［⑤］水準となったが、2022年は3年ぶりに前年を［⑥］回る6,428件であった。新型コロナウイルス関連破たんの状況（負債1,000万円以上）は、2023年2月28日時点で、累計5,337件（倒産 5,142件、弁護士一任・準備中195件）となっている。破たん件数は、2021年2月以降、毎月［⑦］件を超える水準で破たんが判明し、2022年9月以降は毎月［⑧］件以上の件数が判明している。

また、休廃業・解散件数は（株）東京商工リサーチの「休廃業・解散企業」動向調査によると、2022年の休廃業・解散件数は49,625件で、前年比11.8％増となった。また、（株）帝国データバンクの全国企業「休廃業・解散」動向調査によると、2022年の休廃業・解散件数は53,426件で、前年比2.3％減となった。

(設問1)

文中の空欄①〜⑧に適切な語句または数値を記入せよ。

(設問2)

下線部について、新型コロナウイルス関連破たん判明件数が多い業種から少ない業種へと並べた組み合わせとして、最も適切なものはどれか。

ア　「飲食業」－「建設業」－「食品卸売」
イ　「飲食業」－「食品卸売」－「ホテル、旅館」
ウ　「飲食業」－「ホテル、旅館」－「食品小売」
エ　「食品卸売」－「食品製造」－「飲食業」

解答・解説

＜中小企業白書　第1部第1章第2節＞

解　答

(設問1)
①リーマン・ショック　②消費税率引上げ　③感染症流行　④減少　⑤低　⑥上　⑦100　⑧200

(設問2)
ア「飲食業」－「建設業」－「食品卸売」

解説

【2023年版の中小企業白書より】

中小企業庁・(独)中小企業基盤整備機構「中小企業景況調査」を用いて中小企業の資金繰りを確認すると、中小企業の資金繰りDIは、リーマン・ショック後に大きく落ち込み、その後は東日本大震災や2014年4月の消費税率引上げに伴い一時的に落ち込みが見られたものの、改善傾向で推移してきた。感染症流行による売上げの急激な減少とそれに伴うキャッシュフローの悪化により、2020年第2四半期に大きく下落したが、第3四半期には大きく回復した。その後、2022年第2四半期には感染症流行前の水準まで回復したが、足下では低下傾向にある(第1-1-14図)。

(株)東京商工リサーチ「全国企業倒産状況」を用いて倒産件数の推移を確認すると、倒産件数は2009年以降、減少傾向で推移してきた中で、2021年は57年ぶりの低水準となったが、2022年は3年ぶりに前年を上回る6,428件であった(第1-1-15図)。

(株)東京商工リサーチ「「新型コロナウイルス」関連破たん状況」(2023年2月28日時点)を用いて新型コロナウイルス関連破たんの月別判明件数を確認すると、2023年2月28日時点で、新型コロナウイルス関連の破たん(負債1,000万円以上)は累計5,337件(倒産5,142件、弁護士一任・準備中195件)となっている。破たん件数は、2021年2月以降、毎月100件を超える水準で破たんが判明し、2022年9月以降は毎月200件以上の件数が判明している。2023年2月には、2020年2月以降最多の249件が判明した(第1-1-16図)。また、2020年1月から2023年2月末までに集計された経営破たんについて、業種別に見ると、飲食業が最多で848件、次いで建設業が618件、食品卸売が228件となっている(第1-1-17図)。

第5問　雇用の動向

●我が国の雇用情勢

完全失業率は、2009年中頃をピークに長期的に［ ① ］傾向で推移してきたが、2020年に入ると［ ② ］傾向に転じ、その後は再び［ ① ］傾向で推移している。また、長期的に［ ③ ］傾向で推移してきた有効求人倍率も2020年に入り大きく［ ④ ］したが、再び［ ③ ］傾向となっている。

●中小企業の雇用状況

業種別に従業員の過不足状況を確認すると、2013年第4四半期に全ての業種で従業員数過不足 DI が［ ⑤ ］になり、その後は人手不足感が［ ⑥ ］まる方向で推移してきた。2020年第2四半期にはこの傾向が一転して、急速に不足感が［ ⑦ ］まり、［ ⑧ ］業と［ ⑨ ］業では従業員数過不足DIが［ ⑩ ］となった。足下では、いずれの業種も従業員数過不足DIは［ ⑪ ］となっている。

(設問1)

文中の空欄①～⑪に適切な語句を記入せよ。

(設問2)

日本商工会議所・東京商工会議所「人手不足の状況および新卒採用・インターンシップの実施状況に関する調査」に基づき、人手不足への対応（複数回答）を次のa～cで見た場合、回答企業割合が高いものから低いものへと並べた組み合わせとして、最も適切なものはどれか。

a：「IT化等設備投資による生産性向上」
b：「正社員の採用」
c：「業務プロセスの見直しによる業務効率化」

ア　a：「IT化等設備投資による生産性向上」― b：「正社員の採用」― c：「業務プロセスの見直しによる業務効率化」
イ　a：「IT化等設備投資による生産性向上」― c：「業務プロセスの見直しによる業務効率化」― b：「正社員の採用」
ウ　b：「正社員の採用」― a：「IT化等設備投資による生産性向上」― c：「業務プロセスの見直しによる業務効率化」
エ　b：「正社員の採用」― c：「業務プロセスの見直しによる業務効率化」― a：「IT化等設備投資による生産性向上」

☞ 解答・解説

＜中小企業白書　第1部第1章第3節＞

解　答

（設問1）

①低下　②上昇　③上昇　④低下　⑤マイナス　⑥高（まる）　⑦弱（まり）
⑧製造　⑨卸売　⑩プラス　⑪マイナス（⑧、⑨は順不同）

（設問2）

エ　b：「正社員の採用」― c：「業務プロセスの見直しによる業務効率化」― a：「IT化等設備投資による生産性向上」

解 説

【2023年版の中小企業白書より】

総務省「労働力調査」、厚生労働省「職業安定業務統計」を用いて完全失業率と有効求人倍率の推移を確認すると、完全失業率は、2009年中頃をピークに長期的に低下傾向で推移してきたが、2020年に入ると上昇傾向に転じ、その後は再び低下傾向で推移している。また、長期的に上昇傾向で推移してきた有効求人倍率も2020年に入り大きく低下したが、再び上昇傾向となっており、雇用情勢は持ち直している（第1-1-19図）。

中小企業庁・（独）中小企業基盤整備機構「中小企業景況調査」を用いて従業員数過不足DIの推移を確認すると、2013年第4四半期に全ての業種で従業員数過不足 DI がマイナスになり、その後は人手不足感が高まる方向で推移してきた。2020 年第2四半期にはこの傾向が一転して、急速に不足感が弱まり、製造業と卸売業では従業員数過不足 DI がプラスとなった。足下では、いずれの業種も従業員数過不足 DI はマイナスとなっており、中小企業の人手不足感は強くなっている（第1-1-21図）。

日本商工会議所・東京商工会議所「人手不足の状況および新卒採用・インターンシップの実施状況に関する調査」を用いて人手不足への対応方法を確認すると、「正社員の採用（83.8%）」や「パートタイマーなど有期雇用社員の採用（48.1%）」といった人材採用の強化に次いで、「業務プロセスの見直しによる業務効率化（38.7%）」、「社員の能力開発による生産性向上（32.4%）」、「IT化等設備投資による生産性向上（29.8%）」が多く、人手不足に対して、省力化投資等を通じた生産性向上に取り組むことで対応する企業も一定数見られることがわかる（第1-1-23図）。

（株）日本政策金融公庫総合研究所「全国中小企業動向調査・中小企業編」（2022年1-3月期付帯調査）を用いて人材確保の方策を確認すると、「給与水準の引き上げ」や「長時間労働の是正」、「育児・介護などと両立できる制度の整備」、「福利厚生の拡充」を通じた職場環境の改善など、職場の魅力向上に取り組む動きも見られている（第1-1-26図）。

第6問　物価・為替の動向

●物価の概況と影響

[①]物価指数は 2020年12月から、[②]物価指数は2021年1月から上昇に転じた。また、足下のそれぞれの物価指数の推移を見ると、[①]物価指数が[②]物価指数の変化を上回って急激に上昇していることが分かる。

続いて、最終需要・中間需要物価指数の動向を確認すると、[③]、[④]の物価については、2021年の初め以降において急激に上昇している。しかし、2022年末からは減少に転じている。一方で、[⑤]や[⑤](国内品)については、2021年以降上昇傾向である。

●原材料・資源価格の高騰による企業業績への影響

(株)東京商工リサーチ「中小企業が直面する経営課題に関するアンケート調査」に基づき、中小企業における原材料・資源価格の高騰による企業業績([⑥]、[⑦])への影響を2020年(2年前)から2022年(現在)の間で見た場合、[⑥]へのマイナスの影響が2年前と比較して高くなっている傾向にある一方、プラスの影響も高くなっており、原材料・資源価格高騰を追い風に[⑥]を伸ばしている企業も見られる。一方、[⑦]においては、3年間を通じてマイナスの影響が強くなっていることが分かる。

(設問1)

文中の空欄①〜⑦に適切な語句を記入せよ。

(設問2)

次の文章の空欄AとBに入る語句の組み合わせとして、最も適切なものはどれか。

全国商工会連合会「原油及び原材料高騰によるコスト増が及ぼす経営への影響調査」を使って、原油高・原材料高・ウクライナ危機・円安などの影響の長期化に伴う物価高騰への対応(複数回答)について回答企業割合が高いものから順に見ると、「既存製品、サービスの値上げ」、「[A]」、「[B]」となっている。

ア　A：人件費以外の経費削減　B：製品等の新開発・サービスの提供方法の見直し
イ　A：人件費以外の経費削減　B：業務効率改善による収益力向上
ウ　A：業務効率改善による収益力向上　B：人件費以外の経費削減
エ　A：業務効率改善による収益力向上　B：製品等の新開発・サービスの提供方法の見直し

重要ポイント

解答・解説

＜中小企業白書　第1部第1章第4節＞

解　答

（設問1）
①国内企業　②消費者　③素原材料　④中間財　⑤最終財　⑥売上高
⑦経常利益（③、④は順不同）
（設問2）
イ　A：人件費以外の経費削減　　B：業務効率改善による収益力向上

解説

【2023年版の中小企業白書より】

日本銀行「企業物価指数」、総務省「消費者物価指数」を用いて国内企業物価指数及び消費者物価指数の動向を確認すると、国内企業物価指数は2020年12月から、消費者物価指数は2021年1月から上昇に転じた。また、足下のそれぞれの物価指数の推移を見ると、国内企業物価指数が消費者物価指数の変化を上回って急激に上昇していることが分かる（第1-1-27図）。

続いて、日本銀行「最終需要・中間需要物価指数」を用いて最終需要・中間需要物価指数の動向を確認すると、素原材料、中間財の物価については、2021年の初め以降において急激に上昇している。しかし、2022年末からは減少に転じている。一方で、「最終財」や「最終財（国内品）」については、2021年以降上昇傾向である（第1-1-28図）。

（株）東京商工リサーチ「中小企業が直面する経営課題に関するアンケート調査」を用いて中小企業における原材料・資源価格の高騰による企業業績への影響を、売上高と経常利益に分けて確認すると、原材料・資源価格の高騰により、売上高へのマイナスの影響が2年前と比較して高くなっている傾向にある一方、プラスの影響も高くなっており、原材料・資源価格高騰を追い風に売上高を伸ばしている企業も見られる。一方、経常利益においては、3年間を通じてマイナスの影響が強くなっていることが分かる（第1-1-31図）。

これに対し、全国商工会連合会「原油及び原材料高騰によるコスト増が及ぼす経営への影響調査」を用いて原油高・原材料高・ウクライナ危機・円安などの影響の長期化に伴う物価高騰への対応（複数回答）を回答企業割合が高いものから順に確認すると、「既存製品、サービスの値上げ」だけでなく、「人件費以外の経費削減」や「業務効率改善による収益力向上」の取組みが一定数見られる（第1-1-32図）

第7問　サプライチェーンの状況

●原材料や部品の調達遅れの影響

中小企業において、前年と比べた原材料や部品の調達遅れ状況を、2022年8月、10月、12月において確認すると、2022年8月時点では、約［①］割の中小企業が、調達遅れが「生じており、昨年より悪化している」と回答しているが、2022年12月時点では約［②］割に［③］している。それに対して「現時点で生じていない」と回答した割合は［④］していることから、サプライチェーンの混乱は、2022年8月と比較すると［⑤］している。

●サプライチェーンへの影響

2022年時点で、中小企業が直面する世界的な原材料不足によるサプライチェーンへの影響について見ると、「［⑥］からの原材料・部品供給の遅れ・混乱」、「生産・製造量の［⑦］や遅れ・混乱」が、そのほかの内容と比べて大きな影響として挙げられている。

(設問1)

文中の空欄①〜⑦に適切な語句または数値を記入せよ。

(設問2)

下線部の対策について、次の文章の空欄A〜Cに入る語句の組み合わせとして、最も適切なものはどれか。

(株)東京商工リサーチ「中小企業が直面する経営課題に関するアンケート調査」を用いて、サプライチェーン強靱化に向けた対策の取組状況を2020年と2022年時点で比較すると、上位3つの対策は、回答割合が多い順で、「［A］」が15.0%から23.8%に増加、「［B］」が12.4%から22.9%に増加、「［C］」が9.5%から15.6%に増加し、感染症下と比べて、サプライチェーンの強靱化に向けた取組が進展していることが分かる。

ア　A：仕入調達先の分散化・多様化　B：在庫管理の強化
　　C：生産・製造の管理・方法の見直し
イ　A：仕入調達先の分散化・多様化　B：生産・製造の管理・方法の見直し
　　C：在庫管理の強化
ウ　A：在庫管理の強化　B：生産・製造の管理・方法の見直し
　　C：仕入調達先の分散化・多様化
エ　A：在庫管理の強化　B：仕入調達先の分散化・多様化
　　C：生産・製造の管理・方法の見直し

解答・解説

＜中小企業白書　第1部第1章第5節＞

解　答

（設問1）
①4　②2　③減少　④増加　⑤改善　⑥海外　⑦減産
（設問2）
エ　A：在庫管理の強化　B：仕入調達先の分散化・多様化
C：生産・製造の管理・方法の見直し

解 説

【2023年版の中小企業白書より】

（株）東京商工リサーチ「原材料・資材の『調達難・コスト上昇に関するアンケート調査』（2022年8月22日、2022年10月20日、2022年12月14日）」を用いて中小企業において、前年と比べた原材料や部品の調達遅れ状況を、2022年8月、10月、12月において確認すると、2022年8月時点では、約4割の中小企業が、調達遅れが「生じており、昨年より悪化している」と回答しているが、2022年12月時点では約2割にまで減少している。それに対して「現時点で生じていない」と回答した割合は25.3％から29.2％と4ポイント程度の増加となっていることから、サプライチェーンの混乱は続いているものの、2022年8月と比較すると12月時点では改善していることが見て取れる（第1-1-35図）。また、（株）東京商工リサーチ「中小企業が直面する経営課題に関するアンケート調査」を用いて世界的な原材料不足によるサプライチェーンへの影響を確認すると、「海外からの原材料・部品供給の遅れ・混乱」、「生産・製造量の減産や遅れ・混乱」が、そのほかの内容と比べて大きな影響として挙げられている（第1-1-36図）。

（株）東京商工リサーチ「中小企業が直面する経営課題に関するアンケート調査」を用いてサプライチェーン強靱化に向けた対策の取組状況を2020年と2022年現在との比較で確認すると、サプライチェーン強靱化に向けた対策の取組状況における上位3つの対策は、回答割合が多い順で、①在庫管理の強化、②仕入調達先の分散化・多様化、③生産・製造の管理・方法の見直し、となっている。2020 年と2022年時点との回答割合の比較では、①在庫管理の強化は15.0％から23.8％に増加、②仕入調達先の分散化・多様化は12.4％から22.9％に増加、③生産・製造の管理・方法の見直しは9.5％から15.6％に増加しており、感染症下と比べて、サプライチェーンの強靱化に向けた取組が進展していることが分かる（第1-1-37図）。

【重要ワード】

- **サプライチェーン**：製品の原材料・部品の調達から製造・販売に至るまでの一連の流れをいう。

第8問　感染症流行による影響と中小企業の取組

●感染症流行による企業業績への影響

感染症流行が2020年、2021年、2022年の各年に及ぼした中小企業・小規模事業者の企業業績への影響について見ると、経常利益は2021年に若干の［①］が見られたものの、足下では［②］傾向にある。一方で、売上高については2020年から［③］傾向にあり、感染症流行以降に、一定程度［④］している兆候が見られる。

●感染症流行を踏まえた事業再構築

2020年から2022年までの3年間において、「感染症流行を踏まえた事業再構築を行っている」企業は2020年から［⑤］している傾向にある。

(設問1)

文中の空欄①～⑤に適切な語句を記入せよ。

(設問2)

感染症流行後の顧客数増加の取組について、次の文章の空欄AとBに入る語句の組み合わせとして、最も適切なものはどれか。

(株)東京商工リサーチ「中小企業が直面する経営課題に関するアンケート調査」を用いて2020年から2022年までの3年間において、感染症流行後の顧客数増加の取組のうち、効果のあったものを確認すると、「［A］」が3年間の中で最も高く、2022年(現在)では23.7%となっている。次いで「［B］」が高い割合となっており、2022年では16.6%となっている。

ア　A：営業活動・商談等のオンライン化
　　B：SNS等のデジタルツールを利用した宣伝広告

イ　A：営業活動・商談等のオンライン化
　　B：新たな商品・サービスの開発

ウ　A：新たな商品・サービスの開発
　　B：SNS等のデジタルツールを利用した宣伝広告

エ　A：新たな商品・サービスの開発
　　B：営業活動・商談等のオンライン化

☞ 解答・解説

＜中小企業白書　第1部第2章第1節＞

解　答

（設問1）
①改善　②減少　③増加　④回復　⑤増加
（設問2）
イ　A：営業活動・商談等のオンライン化　B：新たな商品・サービスの開発

解 説

【2023年版の中小企業白書より】

（株）東京商工リサーチ「中小企業が直面する経営課題に関するアンケート調査」を用いて感染症流行が2020年、2021年、2022年の各年に及ぼした中小企業・小規模事業者の企業業績への影響を確認すると、経常利益は2021年に若干の改善は見られたものの、足下では減少傾向にある。一方で、売上高については2020年から増加の傾向にあり、感染症流行以降に、一定程度回復している兆候が見て取れる（第1-2-1図）。（株）東京商工リサーチ「中小企業が直面する経営課題に関するアンケート調査」を用いて2020年から2022年までの3年間において、感染症流行を踏まえた事業再構築の実施状況を確認すると、「感染症流行を踏まえた事業再構築を行っている」企業が2020年から増加している傾向にあることが見て取れる（第1-2-5図）。

（株）東京商工リサーチ「中小企業が直面する経営課題に関するアンケート調査」を用いて2020年から2022年までの3年間において、感染症流行後の顧客数増加の取組のうち、効果のあったものを確認すると、「営業活動・商談等のオンライン化」が3年間の中で最も高く、2022年（現在）では23.7%となっている。次いで「新たな商品・サービスの開発」が高い割合となっており、2022年（現在）では16.6%となっている。このことから、感染症流行の影響を踏まえてIT技術を用いた営業活動を行うだけでなく、感染症流行による外部環境の変化に対応した新商品・サービスへの転換を行うことについても顧客数増加に向けて効果的であることが分かる（第1-2-4図）。

第9問 カーボンニュートラルの取組状況と効果

●カーボンニュートラルの取組状況の推移

2020年から2022年の3年間におけるカーボンニュートラルの取組状況の推移を見ると、「段階1：気候変動対応やCO_2 削減に係る取組の重要性について［ ① ］」の企業が最も多く、2022年時点で［ ② ］%となっており、3年間を通じて、一定割合［ ③ ］している。しかし、段階2以上の企業の割合は依然として［ ④ ］。

※カーボンニュートラルの取組段階

段階0：気候変動対応やCO_2削減に係る取組の重要性について理解していない。
段階2：事業所全体での年間CO_2排出量（Scope1, 2）を把握している
段階3：事業所における主要な排出源や削減余地の大きい設備等を把握している
段階4：段階3で把握した設備等のCO_2排出量の削減に向けて、削減対策を検討・実行している
段階5：段階1～4に関する情報開示を行っている

●取引上の地位別に見た、カーボンニュートラルの取組状況と協力要請の有無の推移

取引上の地位別に、2022年のカーボンニュートラルの取組状況を見ると、取引上の地位で［ ⑤ ］次下請以下の企業では、カーボンニュートラルの取組の重要性がそもそも理解されていない傾向があることが分かる。

(設問1)

文中の空欄①～⑤に適切な語句または数値を記入せよ。

(設問2)

サプライチェーンで一体となって行うカーボンニュートラルの取組による効果に関して、次の文章の空欄AとBに入る語句の組み合わせとして、最も適切なものはどれか。

カーボンニュートラルの取組段階で、段階5の企業が効果を実感する割合が高い項目の上位2つは［ A ］や［ B ］である。

ア　A：「企業価値（ブランド）の向上」　B：「生産コストの削減・生産効率の向上」
イ　A：「企業価値（ブランド）の向上」　B：「グリーン分野での新たな取引先の確保」
ウ　A：「既存の取引先との関係性の維持」　B：「生産コストの削減・生産効率の向上」
エ　A：「既存の取引先との関係性の維持」　B：「企業価値（ブランド）の向上」

重要ポイント

☞ 解答・解説

<中小企業白書　第1部第2章第2節>

解　答

(設問1)

①理解している　②63.7　③増加　④少ない　⑤三

(設問2)

エ　A:「既存の取引先との関係性の維持」　B:「企業価値(ブランド)の向上」

解 説

【2023年版の中小企業白書より】

(株)東京商工リサーチ「中小企業が直面する経営課題に関するアンケート調査」を用いて2020年から2022年の3年間におけるカーボンニュートラルの取組状況の推移を確認すると、「段階1:気候変動対応やCO2 削減に係る取組の重要性について理解している」の企業が最も多く、2022年で63.7%となっており、3年間を通じて一定割合増加しているが、段階2以上の企業の割合は依然として少ない。カーボンニュートラルの取組の重要性を「知る」ことに取り組んでいる企業は増加しているものの、CO2 排出量を「把握する」ことを始め、実際のカーボンニュートラルに向けた取組が進展していない状況にある(第1-2-8図)。

(株)東京商工リサーチ「中小企業が直面する経営課題に関するアンケート調査」を用いて取引上の地位別に、2022年のカーボンニュートラルへの取組状況を確認すると、二次下請以上の企業及び完成品メーカーでは「段階0:気候変動対応やCO2削減に係る取組の重要性について理解していない」の割合が17～19%である。一方、三次下請以下の企業における同割合は23.2%となっており、三次下請以下の企業ではカーボンニュートラルの取組の重要性が理解されていない傾向がある(第1-2-9図)。

(株)東京商工リサーチ「中小企業が直面する経営課題に関するアンケート調査」を用いてサプライチェーンで一体となって行うカーボンニュートラルの取組による効果を確認すると、取組段階が進んでいる段階5の企業では、「企業価値(ブランド)の向上(59.6%)」や「既存の取引先との関係性の維持(54.4%)」の効果を実感する割合が高くなっている。このことから、サプライチェーンで一体となって行うカーボンニュートラルの取組は、企業の業績を維持することや、生産効率の向上だけでなく、自社のブランド向上にもつながる可能性が示唆される(第1-2-12図)。

【重要ワード】

- **カーボンニュートラル**:温室効果ガス/CO2の排出と吸収でネットゼロを意味する概念。(エネルギー白書2021)

第10問 グリーン分野への事業再構築とカーボンニュートラル促進に向けた制度

●グリーン分野への投資意向

グリーン分野への投資意向を見ると、2020年と比べて2022年では、「既に投資を行っている」、「投資を検討している」割合が高まっており、それぞれ［ ① ］ポイント、［ ② ］ポイント上昇していることが分かる。

●グリーン分野への事業再構築の取組

カーボンニュートラルの取組段階別に、グリーン分野への事業再構築の取組状況を見ると、自社のCO2排出量の［ ③ ］や、実際の排出量［ ④ ］といった取組段階が進んでいる段階5の企業のグリーン分野の事業再構築を進める割合が最も［ ⑤ ］ことが分かる。

●グリーン分野への事業再構築による企業業績への影響

カーボンニュートラルの取組段階別に、グリーン分野の事業再構築が進むことによる企業業績への影響を見ると、カーボンニュートラルの取組段階が進んでいる段階5の企業では、グリーン分野を通じて行う事業再構築に対して、企業業績の「［ ⑥ ］につながる」と感じている企業の割合が［ ⑦ ］なっていることが分かる。このことから、実際のカーボンニュートラルの取組を進めることが、グリーン分野への事業再構築などの［ ⑧ ］への期待感の醸成につながることが示唆される。

(設問1)

文中の空欄①～⑧に適切な語句または数値を記入せよ。

(設問2)

(株)東京商工リサーチ「令和4年度取引条件改善状況調査」を用いてカーボンニュートラルの取組状況を確認した場合、「何に取り組むべきかわからない」企業のカーボンニュートラルの取組を促進するために最も有効と考えられる制度はどれか。

ア　設備・システムを導入する際の補助金・税制優遇措置
イ　改善状況を診断するツールの提供・導入に向けた補助金
ウ　事業転換を後押しする補助金・税制優遇措置
エ　脱炭素化の取組を行う企業への金利優遇などの融資制度

解答・解説

<中小企業白書　第1部第2章第2節>

解　答

（設問1）
①2.7　②4.5　③把握　④削減　⑤多い　⑥向上　⑦高く
⑧GX（グリーン・トランスフォーメーション）
（設問2）
ア　設備・システムを導入する際の補助金・税制優遇措置

解説

【2023年版の中小企業白書より】

（株）東京商工リサーチ「中小企業が直面する経営課題に関するアンケート調査」を用いてグリーン分野への投資意向を確認すると、2020年と比べて2022年では、「既に投資を行っている」、「投資を検討している」の割合がそれぞれ 2.7 ポイント、4.5 ポイント上昇していることから、投資に前向きな企業が増加したことが分かる（第1-2-13図）。

（株）東京商工リサーチ「中小企業が直面する経営課題に関するアンケート調査」を用いてカーボンニュートラルの取組段階別に、グリーン分野への事業再構築の取組状況を確認すると、自社のCO2排出量の把握や、実際の排出量削減といった取組段階が進んでいる段階5の企業のグリーン分野の事業再構築を進める割合が最も多い（第1-2-14図）。

また、カーボンニュートラルの取組段階が進んでいる段階5の企業では、グリーン分野を通じて行う事業再構築に対して、企業業績の「向上につながる」と感じている企業の割合が高くなっている。実際のカーボンニュートラルの取組を進めることが、グリーン分野への事業再構築などの GX（グリーン・トランスフォーメーション）への期待感の醸成につながることが示唆される（第1-2-15図）。

（株）東京商工リサーチ「令和4年度取引条件改善状況調査」を用いてカーボンニュートラルの取組状況について「何に取り組むべきかわからない」企業のカーボンニュートラルの取組を促進するために有効と考えられる制度を確認すると、取り組みたいと思う割合が高い順に、「設備・システムを導入する際の補助金・税制優遇措置」（35.5%）、「改善状況を診断するツールの提供・導入に向けた補助金」（31.7%）、「事業転換を後押しする補助金・税制優遇措置」（31.4%）となっている（第1-2-16図）。

【重要ワード】

- GX（グリーン・トランスフォーメーション）：産業革命以来の化石エネルギー中心の産業構造・社会構造をクリーンエネルギー中心へ転換すること。

第11問 企業間取引・価格転嫁の現況

● **交易条件の動向**

販売価格DIから仕入価格DIを引いた値である交易条件指数を確認すると、2022年においては、大企業と中小企業の交易条件の規模間格差が［①］している傾向も見られているが、中小企業の交易条件指数は感染症流行前と比べると依然として［②］水準にとどまっており、［③］上昇分を販売価格に転嫁できていない状況が示唆される。

● **価格転嫁力の動向**

大企業（大企業製造業）と中小企業（中小製造業）を比較して見ると、感染症流行前に一定水準［④］した大企業・中小企業の価格転嫁力が、感染症流行後、再び［⑤］している。さらに、大企業と中小企業間で、価格転嫁力の規模間格差が［⑥］ことが分かる。

● **一人当たり名目付加価値額上昇率とその変動要因**

大企業（大企業製造業）と中小企業（中小製造業）を比較すると、大企業では［⑦］や［⑧］の寄与により一人当たり名目付加価値額が上昇している。

一方、中小企業では［⑧］の低下が一人当たり名目付加価値額の低下に寄与している。

(設問1)

文中の空欄①～⑧に適切な語句を記入せよ。

(設問2)

下線部に関して、次の文章の空欄A～Cに入る語句の組み合わせとして、最も適切なものはどれか。

2022年3月及び9月の各コストにおける価格転嫁率（仕入価格の上昇分を販売価格に転嫁できている割合）の推移は、全体コストについては改善しつつあり、中でも［A］の転嫁率については向上している。一方で、［B］については上昇幅が非常に小さく、［C］については転嫁率が減少していることが分かる。

ア　A：原材料費　B：労務費　C：エネルギー価格
イ　A：原材料費　B：エネルギー価格　C：労務費
ウ　A：エネルギー価格　B：原材料費　C：労務費
エ　A：エネルギー価格　B：労務費　C：原材料費
オ　A：労務費　B：エネルギー価格　C：原材料費

☞ 解答・解説

＜中小企業白書　第１部第３章第１節＞

解　答

（設問１）

①改善　②低い　③仕入価格　④上昇　⑤減少　⑥開きつつある

⑦実質労働生産性　⑧価格転嫁力

（設問２）

ア　A：原材料費　　B：労務費　　C：エネルギー価格

解 説

【2023年版の中小企業白書より】

日本銀行「全国企業短期経済観測調査」を用いて企業規模別の交易条件指数の推移を確認すると、2021年は大企業と中小企業の間で約13％の差が見られていたが、2022年は約10％へ差が縮小しており、改善傾向が確認できる。しかし、中小企業の交易条件指数は感染症流行前と比べると依然として低い水準にとどまっており、仕入価格上昇分を販売価格に転嫁できていない状況が示唆される（第1-3-1図）。

日本銀行「全国企業短期経済観測調査」、「企業物価指数」を用いて企業規模別の価格転嫁力の推移を確認すると、感染症流行前に一定水準上昇した大企業・中小企業の価格転嫁力が、感染症流行後、再び減少している。さらに、大企業と中小企業間で、価格転嫁力の規模間格差が開きつつあることが分かる（第1-3-2図）。

日本銀行「全国企業短期経済観測調査」、「企業物価指数」、財務省「法人企業統計調査年報」を用いて一人当たり名目付加価値額上昇率とその変動要因の算出結果を確認すると、大企業製造業の一人当たり名目付加価値額上昇率は、2005年から2009年を除き中小製造業の同値より高い値を推移している。原因は、中小製造業において価格転換力指標がマイナス値を推移し、一人当たり名目付加価値額上昇率を押し下げているためである（第1-3-3図）。

中小企業庁「価格交渉促進月間フォローアップ調査」を用いて2022年3月及び9月の各コストにおける価格転嫁率の推移を確認すると、原材料費の転嫁率の向上もあり、全体コストについては改善しつつある。一方で、労務費の転嫁率の上昇幅は非常に小さく、エネルギー価格の転嫁率は減少している。このことから、各コストで価格転嫁の状況が異なることが分かる（第1-3-4図）。

第12問　賃金の現況

●時間当たり所定内給与額の分布

従業員規模別に、2021年の常用労働者における時間当たり所定内給与額の分布を見ると、大企業は低賃金帯での構成割合が［　①　］が、大企業と中小企業共に時間当たり所定内給与額が［　②　］近くで多く分布していることが分かる。

●中小企業・小規模事業者における賃上げの状況

感染症流行後、賃上げを実施している企業の割合は［　③　］しているものの、2022年における「賃上げを実施」と回答した割合は［　④　］程度にとどまっている。

●賃上げのための価格転嫁と生産性向上

設備投資額から算出される企業の1年後の実質付加価値の期待成長率は、［　⑤　］の変動と連動するほか、期待成長率と名目賃金上昇率には、企業規模によらず緩やかな［　⑥　］の相関関係があるという。このことから、成長期待の高まりが［　⑦　］(資本の労働対比での投入比率)の上昇を通じて［　⑤　］の上昇につながることや、生産性の向上が賃上げにつながることが示唆されている。また、価格転嫁率が［　⑧　］企業ほど、従業員一人当たりの平均賃金改定率も［　⑧　］傾向にある。

(設問1)

文中の空欄①〜⑧に適切な語句を記入せよ。

(設問2)

下線部に関して、中小企業に関する記述として最も適切なものはどれか。

ア　東日本大震災以降に多くの業種において所定内給与額が減少し、その後緩やかに回復傾向が続いたが、感染症の流行により、卸売業、小売業をはじめ、宿泊業、飲食サービス業などにおいて所定内給与額が減少した。

イ　東日本大震災以降に多くの業種において所定内給与額が減少した後、直近10年において所定内給与額は大きく変動していない。

ウ　リーマン・ショック以降に多くの業種において所定内給与額が減少し、その後緩やかに回復傾向が続いたが、感染症の流行により、卸売業、小売業をはじめ、宿泊業、飲食サービス業などにおいて所定内給与額が減少した。

エ　リーマン・ショック以降に多くの業種において所定内給与額が減少した後、直近10年において所定内給与額は大きく変動していない。

☞ 解答・解説

＜中小企業白書　第1部第3章第2節＞

解　答

（設問1）

①少ない　②1,000円　③増加　④半数　⑤労働生産性　⑥正　⑦資本装備率
⑧高い

（設問2）

エ　リーマン・ショック以降に多くの業種において所定内給与額が減少した後、直近10年において所定内給与額は大きく変動していない。

解 説

【2023年版の中小企業白書より】

厚生労働省「賃金構造基本統計調査」を用いて2021年の常用労働者における時間当たり所定内給与額の分布を確認すると、大企業は低賃金帯での構成割合が少ないが、大企業と中小企業共に時間当たり所定内給与額が1,000円近くで多く分布している（第1-3-6図）。

厚生労働省「賃金構造基本統計調査」を用いて業種別に常用労働者の所定内給与額の推移を確認すると、大企業、中小企業共に、2008年のリーマン・ショック以降に多くの業種において所定内給与額が減少した。大企業ではその後、緩やかに回復傾向が続いたが、感染症の流行により、卸売業、小売業をはじめ、宿泊業、飲食サービス業などにおいて所定内給与額が減少した。一方、中小企業においては、大企業と異なり、直近10年において所定内給与額は大きく変動していない（第1-3-8図、第1-3-9図）。

日本商工会議所「商工会議所早期景気観測調査（LOBO調査）」を用いて2020年から2022年までの中小企業・小規模事業者の所定内賃金の動向を確認すると、感染症流行後、賃上げを実施している企業の割合は増加しているものの、2022年において「賃上げを実施」と回答した割合は半数程度にとどまっている（第1-3-12図）。

大久保ほか（2023）「わが国の賃金動向に関する論点整理」を用いて企業の成長期待と労働生産性、及び期待成長率と賃金上昇率の関係性を確認すると、設備投資額から算出される企業の1年後の実質付加価値の期待成長率は、労働生産性の変動と連動するほか、期待成長率と名目賃金上昇率には、企業規模によらず緩やかな正の相関関係がある。このことから、成長期待の高まりが資本装備率の上昇を通じて労働生産性の上昇につながることや、生産性の向上が賃上げにつながることが示唆される（第1-3-13図）。

（株）東京商工リサーチ「中小企業が直面する経営課題に関するアンケート調査」を用いて、価格転嫁率別に従業員一人当たりの平均賃金改定率を確認すると、価格転嫁率が高い企業ほど、従業員一人当たりの平均賃金改定率も高い傾向にある。賃上げを推進するためには、価格転嫁を進めることが重要であることが示唆される（第1-3-14図）。

第13問　生産性の現況と地域の包摂的成長

●生産性の現況

企業規模別に2021年度までの一人当たり付加価値額（労働生産性）の推移を見ると、大企業製造業においては、2021年度において大きく労働生産性を［　①　］させている一方、中小企業においては製造業・非製造業共に［　②　］の傾向が続いている。

労働分配率の推移を見ると、中規模企業、小規模企業においては、大企業と比べて労働分配率が［　③　］傾向が続いている。

●地域の包摂的成長

地域別・企業規模別に、常用雇用者総数を見ると、東京圏では常用雇用者総数が20～4,999人の企業における常用雇用者数の割合は約［　④　］割であるのに対し、地方圏では約［　⑤　］割となっている。

(設問1)

文中の空欄①～⑤に適切な語句または数値を記入せよ。

(設問2)

東京圏への流入者の移住の背景に関して、a～cを回答割合が高いものから順に並べよ。

a：地元では「自分の能力を生かせる仕事が見つからないこと」
b：地元では「希望する職種の仕事が見つからないこと」
c：地元では「賃金等の待遇が良い仕事が見つからないこと」

解答・解説

＜中小企業白書　第1部第3章第3節、第4節＞

解　答

（設問1）

①向上　②横ばい　③高い　④6　⑤7

（設問2）

b：地元では「希望する職種の仕事が見つからないこと」― c：地元では「賃金等の待遇が良い仕事が見つからないこと」― a：地元では「自分の能力を生かせる仕事が見つからないこと」

解 説

【2023年版の中小企業白書より】

財務省「法人企業統計調査年報」を用いて企業規模別に2021年度までの一人当たり付加価値額（労働生産性）の推移を確認すると、大企業製造業においては、2021年度において大きく労働生産性を向上させている一方、中小企業においては製造業・非製造業共に横ばいの傾向が続いている（第1-3-15図）。

財務省「法人企業統計調査年報」を用いて労働分配率の推移を確認すると、中規模企業、小規模企業においては、大企業と比べて労働分配率が高い傾向が続いている（第1-3-16図）。継続的に企業の成長を促進し、賃上げ・所得の向上を継続的に図っていくためには、分配の原資となる企業の収益拡大、さらには付加価値（生産性）を増大させることが重要である。

総務省・経済産業省「平成28年経済センサス－活動調査」を用いて地域別・企業規模別に、常用雇用者総数を確認すると、東京圏では常用雇用者総数が20～4,999人の企業における常用雇用者数の割合は約6割であるのに対し、地方圏では約7割となっていることが確認できる。このことから、東京圏よりもそれ以外の地域の方が、一定規模以上の企業が全体に占める雇用者数の割合が高いことが分かる（第1-3-17図）。

国土交通省「市民向け国際アンケート調査」を用いて東京圏以外の地域の出身者が東京圏へ移住した背景を見ると、地元では「希望する職種の仕事が見つからないこと」（男性28.4％、女性22.9％）、「賃金等の待遇が良い仕事が見つからないこと」（男性23.4％、女性15.5％）の順に回答割合が多く、次いで「自分の能力を生かせる仕事が見つからないこと」（男性18.8％、女性10.9％）、「希望することが学べる進学先がないこと」（男性15.3％、女性15.1％）の解答割合が多くなっていることが分かる。このことから、東京圏外に居住していた若者や女性が、希望する職種の仕事や賃金等の待遇条件が良い仕事を求めて東京圏へ転入している状況がうかがえる（第1-3-19図）。

第14問　中小企業におけるイノベーション①

●中小企業における研究開発投資状況

企業規模別・業種別に、研究開発費、及び売上高比研究開発費の推移を見ると、中小企業では製造業において研究開発費が［　①　］傾向であり、売上高比研究開発費については、大企業と比べて、製造業・非製造業共に［　②　］である。

●中小企業におけるイノベーション活動の取組状況

従業員規模別に、2017年から2019年までの3年間におけるイノベーション活動の実行状況を見ると、中規模企業では約［　③　］割、小規模企業では約［　④　］の企業がイノベーション活動に取り組んでおり、大規模企業と比べると、イノベーション活動に取り組んでいる企業の割合は［　⑤　］ことが分かる。

従業員規模別に、2017年から2019年までの3年間におけるイノベーションの実現状況を見ると、従業員規模が大きい企業ほど、イノベーションを実現している企業が［　⑥　］傾向にあり、特に、プロダクト・イノベーション実現においては、大規模企業の割合に対して、中規模企業、小規模企業の割合が［　⑦　］となっていることが分かる。

(設問1)

文中の空欄①～⑦に適切な語句または数値を記入せよ。

(設問2)

東京商工会議所「中小企業のイノベーション実態調査」に基づき、イノベーション活動によって得られた効果を確認した場合、次の文章の空欄AとBに入る語句の組み合わせとして、最も適切なものはどれか。

「革新的なイノベーション活動に取り組んでいる」企業においては、「革新的ではないがイノベーション活動に取り組んでいる」企業と比べて、［　A　］、［　B　］につながると回答する割合が高いことが分かる。

ア　A：販路拡大(国内・海外)　　B：コスト削減
イ　A：既存業務の効率化　　B：競合との差別化
ウ　A：競合との差別化　　B：販路拡大(国内・海外)
エ　A：競合との差別化　　B：既存業務の効率化

解答・解説

<中小企業白書　第1部第4章第1節、第2節>

解　答

（設問1）
①上昇　②低水準　③6　④半数　⑤少ない　⑥多い　⑦半分以下

（設問2）
ウ　A：競合との差別化　　B：販路拡大（国内・海外）

解説

【2023年版の中小企業白書より】

経済産業省「企業活動基本調査」を用いて企業規模別・業種別に、研究開発費、及び売上高比研究開発費の推移を確認すると、中小企業では製造業において研究開発費が上昇傾向にあるものの、売上高比研究開発費については、大企業と比べて、製造業・非製造業共に低水準にとどまっている（第1-4-1図）。

文部科学省科学技術・学術政策研究所「『全国イノベーション調査2020年調査』（2020年11月）」を用いて従業員規模別にイノベーション活動の実行状況（2017-2019年）を確認すると、中規模企業では約6割、小規模企業では約半数の企業がイノベーション活動に取り組む一方、大規模企業と比べると、イノベーション活動に取り組んでいる企業の割合は少ないことが分かる（第1-4-2図）。

文部科学省科学技術・学術政策研究所「『全国イノベーション調査2020年調査』（2020年11月）」を用いて従業員規模別にイノベーション活動の実現状況（2017-2019年）を確認すると、従業員規模が大きい企業ほど、イノベーションを実現している企業が多い傾向にあり、特に、プロダクト・イノベーション実現においては、大規模企業の割合に対して、中規模企業、小規模企業の割合が半分以下となっていることが分かる（第1-4-3図）。

東京商工会議所「中小企業のイノベーション実態調査」を用いて、イノベーション活動別に、イノベーション活動によって得られた効果を確認すると、「革新的なイノベーション活動に取り組んでいる」企業においては、「革新的ではないがイノベーション活動に取り組んでいる」企業と比べて、「競合との差別化」、「販路拡大（国内・海外）」につながると回答する割合が高いことが分かる（第1-4-4図）。

第15問 中小企業におけるイノベーション②

●研究開発段階および事業提供開始・事業拡大段階でのリソース面の課題

イノベーションにおける、研究開発段階でのリソース面の課題は、[①]不足の課題が最も大きい。またイノベーションにより付加価値を高めた製品の販売開始・サービスの提供開始・事業拡大に取り組む上でのリソース面の課題は、[②]不足の課題が最も大きい。

●コア技術とマーケットをつなぐ人材の重要性

売上高比研究開発費別に、コア技術とマーケットをつなぐ人材に対する重要性の認識を見ると、売上高に対する研究開発比率が高い企業においては、自社の[③]・[④]と、マーケットニーズとのギャップを埋め合わせ、戦略を構想・実現する[⑤]支援があった場合に、新製品・サービスの事業化につながると考える傾向にある。このことから、研究開発投資を進める企業にとっては、事業化に向けて、自社の[③]・[④]をマーケットニーズとマッチングさせる[⑤]支援が重要である。

(設問1)

文中の空欄①～⑤に適切な語句を記入せよ。

(設問2)

下線部に関して、三菱UFJリサーチ＆コンサルティング(株)「中小企業のイノベーションの現状に関する調査」を用いて、研究開発段階における人材不足、資金不足、情報不足のそれぞれの課題について確認した場合、中小企業の経営者等が、課題の大きさが「大きい」もしくは「やや大きい」と回答した割合が高いものから低いものへと並べた組み合わせとして、最も適切なものはどれか。

ア　人材不足 — 資金不足 — 情報不足
イ　人材不足 — 情報不足 — 資金不足
ウ　資金不足 — 人材不足 — 情報不足
エ　情報不足 — 資金不足 — 人材不足

解答・解説

＜中小企業白書　第1部第4章第3節＞

解　答

（設問1）
①人材　②人材　③コア技術　④ノウハウ　⑤人材（③、④は順不同）
（設問2）
イ　人材不足 ― 情報不足 ― 資金不足

解説

【2023年版の中小企業白書より】

三菱UFJリサーチ＆コンサルティング（株）「中小企業のイノベーションの現状に関する調査」を用いてイノベーションにおける、研究開発段階でのリソース面の課題を確認すると、研究開発段階においては、人材不足の課題（「大きい」46.6%、「やや大きい」40.1%）が最も大きく、以下、情報不足（「大きい」19.1%、「やや大きい」44.7%）、資金不足（「大きい」20.0%、「やや大きい」29.8%）と続いていることが分かる（第1-4-5図）。

また、三菱UFJリサーチ＆コンサルティング（株）「中小企業のイノベーションの現状に関する調査」を用いてイノベーションにより付加価値を高めた製品の販売開始・サービスの提供開始・事業拡大に取り組む上でのリソース面の課題を確認すると、研究開発段階と同様に、人材不足の課題が最も大きいことが分かる（第1-4-6図）。

三菱UFJリサーチ＆コンサルティング（株）「中小企業のイノベーションの現状に関する調査」を用いて自社のコア技術の強みの認識状況別に、イノベーションの事業化状況を確認すると、自社のコア技術の強みがあると認識している企業ほど、イノベーションの事業化や、それによる利益増加につながっている傾向がある。このことから、イノベーションの事業化においては、自社のコア技術の強みを認識していることが重要であることが分かる（第1-4-7図）。

三菱UFJリサーチ＆コンサルティング（株）「中小企業のイノベーションの現状に関する調査」を用いて新たな市場ニーズの探索状況別に、イノベーションの事業化状況を確認すると、新たな市場ニーズの探索に取り組んでいる企業は、取り組んでいない企業と比べて、イノベーションの事業化や、それによる利益増加につながっている傾向がある。このことから、イノベーションを事業化し、収益を生み出すためには、事業として提供する新たな市場ニーズを探索することが重要であることが示唆される（第1-4-8図）。

第16問　企業立地の動向①

●企業立地の動向と意義・効果

1990年代は、バブル崩壊とともに工場立地件数、面積が減少傾向で推移してきた。2000年代になると増加傾向に転じるが、[①]後に大きく落ち込んだ。その後は長期的に見ると、我が国の工場立地件数、面積は減少傾向で推移している。

三大都市圏の自治体、その他地域の自治体共に、企業誘致の進展により多くの効果を期待している。特に、「[②]増加」や「[③]増加」においては、9割以上の自治体がその効果を期待している。また、「若年層の[④]促進」、「[⑤]増加」などにおいては、三大都市圏の自治体と比べてその他地域の自治体の方が、より効果を期待している。

●中小企業の企業立地の動向

従業員規模が大きい企業ほど、本所・本社以外に拠点を有している傾向にある。拠点数を確認すると、約[⑥]割の企業が国内に本所・本社以外に複数の拠点を有している。過去10年程度で立地（工場・生産施設や物流・倉庫施設、研究・開発施設等の新設・増設・移転）経験がある企業に対し、過去に<u>立地した際に活用したことのある支援内容</u>を確認すると、約7割の企業が立地の際に何らかの支援策を活用している。

●海外生産拠点における国内回帰の動き

海外生産拠点のある中小企業に対し、海外で生産していた製品・部材を国内生産に戻したケースの有無を見ると、2020年から2022年にかけて国内回帰の動きが一定数存在する。また、今後においても[⑦]％の企業が国内生産に戻す予定があると回答している。

（設問1）

文中の空欄①～⑦に適切な語句または数値を記入せよ。

（設問2）

下線部について、過去10年程度で立地経験がある企業が過去に立地した際に活用したことのある支援内容として、A：最も上位の項目と、B：2番目に上位の項目の組み合わせとして、最も適切なものはどれか。

ア　A：融資制度　　　　　　B：不動産取得税の減免
イ　A：固定資産税の減免　　B：減価償却特例措置
ウ　A：設備に対する補助金　B：固定資産税の減免
エ　A：設備に対する補助金　B：不動産取得税の減免

解答・解説

＜中小企業白書　第1部第5章第1節＞

解　答

（設問1）
①リーマン・ショック　②雇用　③税収　④雇用　⑤人口　⑥3　⑦13.8
（②、③は順不同）
（設問2）
ウ　A：設備に対する補助金　B：固定資産税の減免

解説

【2023年版の中小企業白書より】

経済産業省「工場立地動向調査」を用いて工場立地件数と面積における三大都市圏とその他地域の内訳を確認すると、我が国の工場立地件数と面積が長期的に減少傾向にある中で、その減少幅は三大都市圏と比べてその他地域で大きい（第1-5-2図）。

（株）野村総合研究所「地域における中小企業のデジタル化及び社会課題解決に向けた取組等に関する調査」を用いて地域別に、自社が立地する地域で「同業種」の企業の立地が進むことに対する期待の有無と期待する効果を確認すると、三大都市圏、その他地域にかかわらず約7割の企業が企業立地による効果を期待している。期待する効果は「新たに立地した企業との取引増加（直接的な受発注機会の増加）」が最も多く、次いで「質の高い情報の入手・交換の促進」となっている（第1-5-4図）。

（株）野村総合研究所「地域における中小企業のデジタル化及び社会課題解決に向けた取組等に関する調査」を用いて地域別に、自社が立地する地域で「異業種」の企業の立地が進むことにより期待する効果を確認すると、同業種の企業が立地した場合と同様に、三大都市圏、その他地域にかかわらず約7割の企業が企業立地による効果を期待し、取引増加や質の高い情報の入手等に高い期待を持っている（第1-5-5図）。

（株）野村総合研究所「地域における中小企業のデジタル化及び社会課題解決に向けた取組等に関する調査」を用いて従業員規模別に、過去10年程度における立地の有無と直近で立地した地域を確認すると、中小企業全体では25.9％が工場・生産施設等の新設・増設・移転を実施している。また、従業員規模が大きい企業ほど実施している傾向にあり、従業員規模が101人以上の企業では、半数以上が実施している。立地した地域は、中小企業全体で「現（本社）所在地」が最も多いとともに、「現（本社）所在地」を含めた同一市区町村内に約8割が立地しており、市区町村や都道府県を越えた立地は多くない。他方で、従業員規模が301人以上の企業では「その他国内」、「海外」と回答した企業の合計が約4割となっているなど、市区町村や都道府県を越えた立地も一定程度実施されている（第1-5-9図）。

第17問 企業立地の動向②

●新たな立地の候補地

従業員規模が大きい企業ほど、新たな立地を計画している傾向にある。新たな立地の候補地を見ると、同一市区町村［ ① ］までの立地を計画している企業が多数を占めている。一方で、従業員規模が大きい企業ほど、同一市区町村［ ② ］に立地を計画している傾向にある。

●期待する支援内容

新たな立地の候補地別に、期待する支援内容を確認すると、いずれの候補地の企業でも、［ ③ ］が最も多く、次いで［ ④ ］や［ ⑤ ］が続いており、こうした支援への期待の高さがうかがえる。また、候補地別では、「その他国内、海外」を候補地としている企業において、そのほかの候補地の企業と比べて「［ ⑥ ］に関する支援」や「工場跡地、遊休地の紹介」に対する期待が高い。

●今後新たに立地する際に想定される課題

全体的には「［ ⑦ ］の収集」や「立地に要する資金の工面」が上位に挙がっている。また、その他国内、海外を候補地としている企業では、特に「人材の確保」を課題と捉えている割合が高い。

(設問1)

文中の空欄①～⑦に適切な語句を記入せよ。

(設問2)

下線部に関して、次の文章の空欄AとBに入る語句の組み合わせとして、最も適切なものはどれか。

平時における中小企業・小規模事業者の人材ごとの過不足状況を確認すると「［ A ］」以外の人材について、半数以上の企業が不足していると回答しており、特に「［ B ］」が不足している企業が多い。

ア　A：一般労働者（正規採用職員）　B：エンジニア（技術者）
イ　A：一般労働者（正規採用職員）　B：新規採用職員
ウ　A：一般労働者（非正規採用職員）　B：エンジニア（技術者）
エ　A：一般労働者（非正規採用職員）　B：新規採用職員

☞ 解答・解説

＜中小企業白書　第1部第5章第1節＞

解　答

(設問1)

①内　②外　③固定資産税の減免　④補助金　⑤税制優遇　⑥人材確保
⑦用地情報(所在地、価格、面積等)(④、⑤は順不同)

(設問2)

ウ　A：一般労働者(非正規採用職員)　　B：エンジニア(技術者)

解 説

【2023年版の中小企業白書より】

(株)野村総合研究所「地域における中小企業のデジタル化及び社会課題解決に向けた取組等に関する調査」を用いて従業規模別に、今後5年程度において計画(検討)している新たな立地の有無と候補地を確認する。立地の有無について見ると、従業員規模が大きい企業ほど、新たな立地を計画(検討)している傾向にあることが分かる。続いて新たな立地の候補地について見ると、同一市区町村内までの立地を計画(検討)している企業が多数を占めていることが分かる。一方で、従業員規模が大きい企業ほど、同一市区町村外に立地を計画(検討)している傾向にあることが見て取れる。(第1-5-13図)。

(株)野村総合研究所「地域における中小企業のデジタル化及び社会課題解決に向けた取組等に関する調査」を用いて従業規模別に、今後5年程度において計画している(検討中も含む)新たな立地の候補地別に見た、期待する支援内容を確認すると、いずれの候補地の企業でも、「固定資産税の減免」が最も多く、次いで補助金や税制優遇が続いており、こうした支援への期待の高さがうかがえる。また、候補地別では、「その他国内、海外」を候補地としている企業において、そのほかの候補地の企業と比べて「人材確保に関する支援」や「工場跡地、遊休地の紹介」に対する期待が高いことも確認できる(第1-5-14図)。

(株)野村総合研究所「地域における中小企業のデジタル化及び社会課題解決に向けた取組等に関する調査」を用いて新たな立地の候補地別に、今後新たに立地する際に想定される課題を確認すると、全体的には「用地情報(所在地、価格、面積等)の収集」や「立地に要する資金の工面」が上位に挙がっていることが確認できる(第1-5-18図)。

(株)野村総合研究所「地域における中小企業のデジタル化及び社会課題解決に向けた取組等に関する調査」を用いて平時における中小企業・小規模事業者の人材ごとの過不足状況を確認すると、中小企業・小規模事業者では新たな立地の際だけではなく、平時においても人手不足を感じていることが分かる(第1-5-19図)。

第18問　地域経済の持続的発展に向けた自治体による企業誘致の取組

●企業誘致の取組

企業誘致政策の目標達成度合い別に、自治体が企業誘致を進めるために実施している取組を確認すると、目標を上回ると回答した自治体では、それ以外の自治体と比べ、［①］や［②］などの取組のほかにも、工場跡地などの紹介や、［③］に関する支援などの取組を積極的に実施している。

●自治体の取組と期待する支援内容

自治体が企業誘致で実施している取組と中小企業が新たな立地の際に期待する支援内容についてそれぞれ上位5位までを確認すると、中小企業は第1位～第5位までの全てが［④］や［⑤］で占められている。それに対し、自治体では、「［⑥］」が第4位に入っているほか、第2位が「［⑦］」となっている。

●自治体の企業誘致政策

自治体に対し優先的に誘致すべき産業分野の検討状況について確認すると、自地域で誘致すべき産業分野を検討している自治体では、検討していない自治体と比べて企業誘致政策の目標を達成している割合が［⑧］ことが確認できる。

(設問1)

文中の空欄①～⑧に適切な語句を記入せよ。

(設問2)

下線部に関して、次の文章の空欄AとBに入る語句の組み合わせとして、最も適切なものはどれか。

自治体が今後、企業誘致に力を入れていきたい産業分野について確認すると、「再生可能エネルギー・カーボンニュートラル関連（水素・アンモニア等）」や「［A］」、「［B］」といった、今後成長が見込まれる産業分野が上位に挙がっている。

ア　A：観光関連　　B：5G等の情報通信関連
イ　A：観光関連　　B：航空宇宙関連
ウ　A：AIチップ・半導体関連　　B：5G等の情報通信関連
エ　A：AIチップ・半導体関連　　B：航空宇宙関連

☞ 解答・解説

<中小企業白書　第1部第5章第2節>

解　答

（設問1）
①補助金　②税制優遇　③人材確保　④補助金　⑤税制優遇
⑥工場跡地、遊休地の紹介　⑦雇用奨励金　⑧高い
（①、②および④、⑤は順不同）
（設問2）
ウ　A：AIチップ・半導体関連　　B：5G等の情報通信関連

解 説

【2023年版の中小企業白書より】

（株）野村総合研究所「中小企業支援機関における支援能力向上に向けた取組等に関するアンケート」を用いて企業誘致政策の目標達成度合い別に、自治体が企業誘致を進めるために実施している取組を確認すると、目標を上回ると回答した自治体では、それ以外の自治体と比べて、補助金や税制優遇などの取組のほかにも、工場跡地などの紹介や、人材確保に関する支援などの取組を積極的に実施している様子がうかがえる（第1-5-23図）。

（株）野村総合研究所「中小企業支援機関における支援能力向上に向けた取組等に関するアンケート」を用いて自治体が企業誘致で実施している取組と中小企業が新たな立地の際に期待する支援内容を確認すると、中小企業は補助金や税制優遇に対する期待が高く、自治体が企業誘致の進展により雇用増加を期待していることを反映する結果となっている（第1-5-24図）。

（株）野村総合研究所「中小企業支援機関における支援能力向上に向けた取組等に関するアンケート」を用いて自治体に対し、優先的に誘致すべき産業分野の検討状況を確認すると、6割以上の自治体が自地域で誘致すべき産業分野を検討していると回答している。その上で、その検討状況別に、企業誘致政策の目標達成度合いを確認したものについて見ると、自地域で誘致すべき産業分野を検討している自治体では、検討していない自治体と比べて企業誘致政策の目標を達成している割合が高いことが確認できる（第1-5-26図）。

（株）野村総合研究所「中小企業支援機関における支援能力向上に向けた取組等に関するアンケート」を用いて自治体が今後、企業誘致に力を入れていきたい産業分野について確認すると、「再生可能エネルギー・カーボンニュートラル関連（水素・アンモニア等）」や「AIチップ・半導体関連」、「5G等の情報通信関連」といった、今後成長が見込まれる産業分野が上位に挙がっていることが確認できる。自治体において、次世代の産業基盤となり得る産業分野に対して積極的に力を入れていく姿勢が見て取れる（第1-5-27図）。

第19問　成長に向けた戦略の策定

●経営戦略の策定プロセス

直近10年間における経営戦略の策定状況を見ると、成長企業のうち、約［①］割の企業が経営戦略を策定していることが分かる。

次に、経営戦略を策定した際の検討プロセスを見ると、経営戦略を策定した際に「ターゲットとする市場の分析を起点とした」企業が［②］%、「自社の経営資源の分析を起点とした」企業が［③］%となっており、最初にターゲットとする市場の分析を行った企業と、自社の経営資源の分析を行った企業がどちらも一定数存在していることが分かる。

●ターゲットとする市場の分析

経営戦略策定時に選定した市場の特徴別に、売上高増加率と付加価値額増加率の水準(中央値)を見ると、「競合他社が少ない市場」を選択した企業は、「競合他社が多い市場」を選択した企業よりも、売上高増加率と付加価値額増加率の水準がいずれも［④］ことが分かる。

●自社の経営資源の分析

経営戦略策定時の工夫・取組別に、売上高増加率の水準(中央値)を見ると、［⑤］が保有していない経営資源を活用し、「［⑥］、［⑥］への提供［⑦］、［⑥］への［⑦］の提供方法を明確にした」企業において、売上高増加率の水準が最も高いことが分かる。

(設問1)

文中の空欄①〜⑦に適切な語句または数値を記入せよ。

(設問2)

下線部に関して、次の文章の空欄AとBに入る数値の組み合わせとして、最も適切なものはどれか。

ターゲットとする市場の分析を起点にした企業のうち、自社の経営資源の分析を「十分行った」、「ある程度行った」企業は［A］割以上となっている。自社の経営資源の分析を起点にした企業のうち、ターゲットとする市場の分析を「十分行った」、「ある程度行った」企業は［B］割以上となっている。

ア　A：5　B：4
イ　A：7　B：6
ウ　A：8　B：6
エ　A：9　B：8

☞ 解答・解説

＜中小企業白書　第2部第1章第1節＞

解　答

(設問1)

①7　②36.0　③58.1　④高い　⑤他社　⑥顧客　⑦価値

(設問2)

エ　A：9　B：8

解 説

【2023年版の中小企業白書より】

(株)帝国データバンク「中小企業の成長に向けたマネジメントと企業行動に関する調査」を用いて経営戦略の策定状況を確認すると、成長企業のうち、約7割の企業が経営戦略を策定していることが分かる（第2-1-1図）。

(株)帝国データバンク「中小企業の成長に向けたマネジメントと企業行動に関する調査」を用いて経営戦略を策定した際の検討プロセスを確認すると、経営戦略を策定した際に「ターゲットとする市場の分析を起点とした」企業が36.0％、「自社の経営資源の分析を起点とした」企業が 58.1％となっている（第2-1-2図）。

(株)帝国データバンク「中小企業の成長に向けたマネジメントと企業行動に関する調査」を用いてターゲットとする市場の分析を起点に経営戦略を策定した企業の、自社の経営資源の分析状況を確認すると、自社の経営資源の分析を「十分行った」、「ある程度行った」企業が9割以上となっていることが分かる（第2-1-3図）。自社の経営資源の分析を起点に経営戦略を策定した企業の、ターゲットとする市場の分析状況を確認すると、「十分行った」、「ある程度行った」企業が8割以上となっていることが分かる（第2-1-4図）。

(株)帝国データバンク「中小企業の成長に向けたマネジメントと企業行動に関する調査」を用いて経営戦略策定時に選定した市場の特徴別に、売上高増加率と付加価値額増加率の水準（中央値）を確認すると、「競合他社が少ない市場」を選択した企業は、「競合他社が多い市場」を選択した企業よりも、売上高増加率と付加価値額増加率の水準がいずれも高いことが分かる（第2-1-10図）。

(株)帝国データバンク「中小企業の成長に向けたマネジメントと企業行動に関する調査」を用いて経営戦略策定時の工夫・取組別に、売上高増加率の水準（中央値）を確認すると、他社が保有していない経営資源を活用し、「顧客、提供価値、価値提供方法を明確にした」企業において、売上高増加率の水準が最も高いことが分かる（第2-1-17図）。

第20問　成長に向けた既存事業拡大と新規事業創出の取組

●既存事業拡大と新規事業創出の取組状況

直近10年間における既存事業拡大と新規事業創出の取組状況を見ると、成長企業のうち、既存事業拡大に取り組んだ企業が約［①］割、新規事業創出に取り組んだ企業は約［②］割存在することが分かる。続いて、既存事業拡大と新規事業創出の取組の、自社の成長への寄与度を見ると、既存事業拡大の取組は約［③］割、新規事業創出の取組については約［⑧］割の企業が自社の成長に寄与していたと考えていることが分かる。

●新規事業創出の成功に向けた工夫・取組

新規事業創出を開始した際の、既存事業の業績を見ると、既存事業の足下の業績が好調なうちに新規事業創出の取組を開始した企業が、［⑤］割以上となっていることが分かる。続いて、既存事業の業績別に、新規事業創出の成長への寄与度を見ると、既存事業の足下の業績が好調なうちに新規事業創出の取組を開始した企業の方が、不調になった後に新規事業の取組を開始した企業に比べ、成長に「大いに寄与した」、「ある程度寄与した」と回答した割合が［⑥］ことが分かる。

新規事業創出を開始した際の、既存事業で培った経営資源の活用状況を見ると、「大いに活用した」、「ある程度活用した」企業が約［⑦］割となっていることが分かる。続いて、既存事業で培った経営資源の活用状況別に、新規事業創出の成長への寄与度を見ると、既存事業で培った経営資源を活用した企業は、活用しなかった企業に比べて、成長に「大いに寄与した」、「ある程度寄与した」と回答した割合が高いことが分かる。

(設問1)

文中の空欄①～⑦に適切な語句または数値を記入せよ。

(設問2)

下線部に関して、既存事業で培った経営資源の活用状況別(「活用した企業」と「活用しなかった企業」)に、既存事業で培った経営資源の新規事業創出の成長への寄与度として、「大いに寄与した」、「ある程度寄与した」と回答した合計割合の組み合わせとして、最も適切なものはどれか。

ア　活用した企業：約7割　　活用しなかった企業：約3割
イ　活用した企業：約7割　　活用しなかった企業：約5割
ウ　活用した企業：約9割　　活用しなかった企業：約5割
エ　活用した企業：約9割　　活用しなかった企業：約8割

解答・解説

＜中小企業白書　第2部第1章第1節＞

解　答

(設問1)

①6　②5　③9　④8　⑤7　⑥高い　⑦9

(設問2)

ウ　活用した企業：約9割　　活用しなかった企業：約5割

解 説

【2023年版の中小企業白書より】

(株)帝国データバンク「中小企業の成長に向けたマネジメントと企業行動に関する調査」を用いて直近10年間における既存事業拡大と新規事業創出の取組状況を確認すると、成長企業のうち、既存事業拡大に取り組んだ企業が約6割、新規事業創出に取り組んだ企業は約5割存在することが分かる(第2-1-19図)。

続いて、既存事業拡大と新規事業創出の取組の、自社の成長への寄与度を確認すると、既存事業拡大の取組は約9割、新規事業創出の取組については約8割の企業が自社の成長に寄与していたと考えていることが分かる(第2-1-20図)。

続いて、新規事業創出を開始した際の、既存事業の業績を確認すると、既存事業の足下の業績が好調なうちに新規事業創出の取組を開始した企業が、7割以上となっていることが分かる(第2-1-21図)。

続いて、既存事業の業績別に、新規事業創出の成長への寄与度を確認すると、既存事業の足下の業績が好調なうちに新規事業創出の取組を開始した企業の方が、不調になった後に新規事業の取組を開始した企業に比べ、成長に「大いに寄与した」、「ある程度寄与した」と回答した合計割合が高いことが分かる(第2-1-22図)。

続いて、新規事業創出を開始した際の、既存事業で培った経営資源の活用状況を見ると、「大いに活用した」、「ある程度活用した」企業の合計が約9割となっていることが分かる(第2-1-23図)。

続いて、既存事業で培った経営資源の活用状況別に、新規事業創出の成長への寄与度を確認すると、成長に「大いに寄与した」、「ある程度寄与した」と回答した合計割合は、既存事業で培った経営資源を活用した企業(約9割)の方が、活用しなかった企業(約5割)に比べて高いことが分かる(第2-1-24図)。

第21問　成長に向けた戦略実行を牽引する経営者

成長を実現するためには、経営者が戦略を構想・策定し、その戦略を実行していくことが重要であると考えられる。中小企業の多くは所有と経営が一致していることを考えると、経営者の［①］や［②］の有無が、その戦略の構想と実行に大きな影響を与えると考えられる。

● 経営者の成長意欲を高める取組

成長企業の経営者は、経営者就任前・就任後のいずれにおいても、成長意欲を持っている傾向がある。また、成長企業の経営者は、［③］等により成長意欲を高めている傾向があり、外部との交流が経営者の成長意欲を喚起する上で重要な役割を担っている可能性が示されている。

●経営者のリスキリングの取組

経営者が［④］に取り組んでいる企業は、取り組んでいない企業と比較して［⑤］の向上を実現していることが示され、経営者がリスキリングに取り組むことは、成長のために重要である。また、経営者がリスキリングに取り組む企業ほど、役員・社員に対してリスキリングの機会を提供しており、全社的なリスキリングの機運醸成には、まず［⑥］がリスキリングに取り組むことが重要である。

(設問1)

文中の空欄①～⑥に適切な語句または数値を記入せよ。

(設問2)

下線部に関して、次の文章の空欄AとBに入る語句または数値の組み合わせとして、最も適切なものはどれか。

経営者のリスキリングの取組状況を見ると、約［A］割が「取り組んでいる」と回答しており、経営者が行っているリスキリングの取組内容で最も回答が多いのは［B］である。

ア　A：4　B：書籍・セミナー受講等による知識の収集
イ　A：4　B：社外での勉強会への参加
ウ　A：7　B：書籍・セミナー受講等による知識の収集
エ　A：7　B：社外での勉強会への参加

☞ 解答・解説

＜中小企業白書　第2部第1章第2節＞

解　答

（設問1）
①成長意欲　②スキル　③第三者との交流　④リスキリング　⑤業績　⑥経営者
（①、②は順不同）
（設問2）
ア　A：4　　B：書籍・セミナー受講等による知識の収集

解 説

【2023年版の中小企業白書より】

（株）帝国データバンク「中小企業の成長に向けたマネジメントと企業行動に関する調査」を用いて経営者就任前・就任後において、第三者との交流により、成長意欲が高まった経験の有無を確認すると、経営者就任前は約7割が「よくあった」「時々あった」と回答しており、経営者就任後は約9割が「よくあった」「時々あった」と回答している。経営者の多くが第三者との交流により成長意欲が高まった経験が有ることが分かる（第2-1-26図）。

（株）帝国データバンク「中小企業の成長に向けたマネジメントと企業行動に関する調査」を用いて経営者のリスキリング取組状況別に、売上高増加率の水準を確認すると、経営者がリスキリングに取り組んでいる企業は、取り組んでいない企業に比べて、売上高増加率の水準が高い。経営者が自身のリスキリングに取り組むことは、自社の業績の向上につながっていることが分かる（第2-1-31図）。

（株）帝国データバンク「中小企業の成長に向けたマネジメントと企業行動に関する調査」を用いて経営者のリスキリングの取組状況別に、役員・社員に対するリスキリングの機会の提供状況を確認すると、経営者がリスキリングに取り組んでいる企業は約7割がリスキリングの機会を提供しているが、経営者がリスキリングに取り組んでいない企業は約2割程度しかリスキリングの機会を提供していない。全社的なリスキリングの機運醸成には、経営者が率先してリスキリングに取り組むことが重要といえる（第2-1-33図）。

（株）帝国データバンク「中小企業の成長に向けたマネジメントと企業行動に関する調査」を用いて経営者のリスキリングの取組状況をみると、「取り組んでいる」が44.6%であり、約4割となることが分かる（第2-1-29図）。また、経営者が行っているリスキリングの取組内容を確認すると、「書籍・セミナー受講等による知識の収集（75.2%）」、「社外での勉強会への参加（57.4%）」「新しいツール・設備の導入やプロジェクトを通じた学習と実践機会の確保（35.2%）」の順に多い。よって、「書籍・セミナー受講等による知識の収集」がもっとも多いことが分かる（第2-1-30図）。

第22問　成長に向けた経営者の戦略実行を支える内部資源・体制

●戦略実行に向けた人材戦略の策定

人材戦略の策定は［　①　］確保につながり、経営戦略と紐づけることで［　②　］向上にも寄与することが示唆されている。

●経営者を支える右腕人材

成長企業の多くが「社内において経営者に続くナンバー2の立場にあり、会社経営を行う上での悩み事が相談できる等、経営者が厚い信頼を寄せる人材」である［　③　］を確保していることが示され、その存在が成長に寄与している可能性が示唆されている。また、［　④　］を策定した企業は、［　③　］を確保している傾向があることや、［　③　］の育成を進めるために、成長企業は意識的な［　⑤　］や［　⑥　］の増加などに取り組んでいる。成長のために、こうした取組を進めながら［　③　］の確保・育成を図ることが重要になる。

●経営者を支える変革人材

「経営者に近い立場にあり、高い専門性や事業推進力を持つ人材」である［　⑦　］が成長のために重要な役割を果たしている可能性が示され、その確保のためには人材戦略の策定が有効となる可能性も示されている。また、成長企業は、［　⑧　］の増加や意識的な［　⑨　］に取り組み、［　⑦　］の育成に取り組んでいる。さらに、知り合い・社員等からの紹介で外部から［　⑦　］を確保していることや、自社と雇用契約を結ぶという方法だけではなく、本業を持つ人材を［　⑦　］として活用する方法も示されている。

(設問1)

文中の空欄①～⑨に適切な語句を記入せよ。

(設問2)

下線部に関して、外部から確保した変革人材を選定する際に重要視した要素として、a～cを回答割合が高いものから順に並べよ。

a：業務経験の豊富さ
b：保有する知識・スキルの希少性
c：経営者、社員のそれぞれと円滑にやりとりするコミュニケーション能力

解答・解説

<中小企業白書　第2部第1章第3節>

解　答

（設問1）
①人材　②業績　③右腕人材　④人材戦略　⑤権限委譲　⑥経営陣との接点
⑦変革人材　⑧経営陣との接点　⑨権限委譲

（設問2）
a：業務経験の豊富さ － b：保有する知識・スキルの希少性 － c：経営者、社員のそれぞれと円滑にやりとりするコミュニケーション能力

重要ポイント

解説

【2023年版の中小企業白書より】

（株）帝国データバンク「中小企業の成長に向けたマネジメントと企業行動に関する調査」を用いて人材戦略の策定状況別に、従業員数増加率の水準を確認すると、人材戦略を策定した企業は15.0％、策定しなかった企業は9.0％で、人材の確保に向けて、人材戦略を策定する重要性が示唆される（第2-1-37図）。経営戦略と人材戦略の紐づけ状況別に、売上高増加率の水準を確認すると、経営戦略と人材戦略を紐づけた企業は36.0％、紐づけなかった企業は26.5％で、紐づけた企業は、紐づけなかった企業に比べ、売上高増加率の水準が高く、業績の向上につながっていることが分かる（第2-1-39図）。

続いて、既存事業拡大と新規事業創出に取り組んだ際の右腕人材の関与度合いを確認すると、既存事業拡大、新規事業創出の取組のいずれにおいても、「大いに関与した」「ある程度関与した」と回答した企業が約9割を占めており、右腕人材が成長に関与していることが伺える（第2-1-42図）。人材戦略の策定状況別に、右腕人材の有無を確認すると、人材戦略を策定した企業は策定しなかった企業に比べて、右腕人材がいたと回答した割合が高いことが分かる（第2-1-44図）。右腕人材を育成した際の工夫・取組について見ると、「意識的な権限委譲」「経営陣との接点の増加」の順に多いことが分かる（第2-1-47図）。

続いて、既存事業拡大と新規事業創出に取り組んだ際の変革人材の関与度合いを確認すると、既存事業拡大、新規事業創出の取組のいずれにおいても、「大いに関与した」「ある程度関与した」と回答した企業が約9割を占めており、変革人材が成長に関与していることが伺える（第2-1-51図）。変革人材を内部で育成した際の工夫・取組について確認すると、「経営陣との接点の増加」「意識的な権限委譲」の順に多いことが分かる（第2-1-55図）。

続いて、外部から確保した変革人材の選定時に、重要視した要素を確認すると、「業務経験の豊富さ」「保有する知識・スキルの希少性」「経営者、社員のそれぞれと円滑にやりとりするコミュニケーション能力」の順に多いことが分かる（第2-1-56図）。

第23問　経営者の戦略実行を推進する組織

●経営の透明性を高める取組

経営の透明性を高める具体的な取組の実施状況を見ると、「経営計画の共有」、「経営課題の共有」は［　①　］割以上の企業が、「決算情報の共有」、「意思決定プロセスの明確化」は［　②　］割以上の企業が、「人事評価制度の明確化」、「報酬制度の明確化」は［　③　］割以上の企業が「十分実施している」、「ある程度実施している」と回答していることが分かる。

経営の透明性を高める取組の効果を見ると、「従業員との［　④　］関係構築」、「従業員のモチベーション向上」、「経営者の業務効率の向上」、「経営幹部からの［　⑤　］向上」、「従業員の［　⑥　］向上」など、社内における効果を感じている傾向が見て取れる。

●経営者からの権限委譲の取組

経営者からの権限委譲を進めた際の、社員の動きに統一感や一貫性を持たせるための工夫・取組の内容を見ると、「［　⑦　］の共有」が最も多く、次いで「［　⑧　］の明確化と処遇への反映」、「挑戦・失敗を敢行・許容する［　⑨　］」となっていることが分かる。

経営者からの権限委譲を進めたことによる効果を見ると、「［　⑩　］が増加した」は約8割の企業、「［　⑪　］が増加した」は約7割の企業が効果を実感していることが分かる。

●新規事業創出の成功に向けた組織体制の構築

新規事業創出の成長への寄与度別に、組織体制に関する工夫・取組の実施状況を見ると、新規事業創出の取組が自社の成長に寄与した企業は、寄与しなかった企業と比較して、「経営者が進捗管理や意思決定を担い、現場での指揮や業務の遂行は現場に任せた」、「新規事業を社内に理解させる取組を行った」において回答割合が高く差が大きくなっている。

(設問1)

文中の空欄①～⑪に適切な語句または数値を記入せよ。

(設問2)

下線部に関して、既存事業に従事する社員の理解を得られた企業の工夫・取組のうち、最も回答割合の高いものはどれか。

ア　経営幹部層の戦略・計画の開示
イ　新規事業に関する進捗情報の積極的な社内発信
ウ　新規事業に取り組む意義の共有
エ　新規事業のニーズに関する顧客の声の共有

解答・解説

＜中小企業白書　第2部第1章第3節＞

解　答

（設問1）

①7　②6　③5　④信頼　⑤信頼性　⑥定着率　⑦経営理念・ビジョン

⑧人事評価　⑨文化の浸透　⑩自律的な社員　⑪社員からの改善提案

（設問2）

ウ　新規事業に取り組む意義の共有

解 説

【2023年版の中小企業白書より】

（株）帝国データバンク「中小企業の成長に向けたマネジメントと企業行動に関する調査」を用いて従業員規模別に、経営の透明性を高める取組の実施状況を確認すると、従業員数が多い企業ほど、経営の透明性を高める取組を実施している傾向にあることが見て取れる（第2-1-61図）。経営の透明性を高める取組を開始したきっかけを確認すると、「従業員の増加」が最も多く（第2-1-60図）、これを踏まえると、従業員の増加とともに、経営の透明性を高める取組を実施している様子がうかがえる。経営の透明性を高めることは、従業員や経営幹部との信頼関係の構築や従業員のモチベーション向上、定着率の向上などの効果があり、成長につながっている可能性が考えられる（第2-1-63図、第2-1-64図）。

（株）帝国データバンク「中小企業の成長に向けたマネジメントと企業行動に関する調査」を用いて経営者からの権限委譲を進めたことによる効果を確認すると権限委譲を進めたことが自律的な社員と社員からの改善提案の増加につながっており、こうした状況下で既存事業の拡大や新規事業の創出に取り組んだことで、売上高の増加を実現している可能性が考えられる（第2-1-68図、第2-1-69図、第2-1-70図）。また、権限委譲を行うと同時に、経営理念・ビジョンの共有などを通じて、従業員の動きに統一感や一貫性を持たせることも重要といえよう（第2-1-71図）。

（株）帝国データバンク「中小企業の成長に向けたマネジメントと企業行動に関する調査」を用いて新規事業創出に取り組んだ際の、既存事業に従事する社員の理解状況別に、理解を得るための工夫・取組の実施状況を確認すると、既存事業に従事する社員の理解を得られた企業の回答は「新規事業に取り組む意義の共有」（66.5％）、「経営幹部層の戦略・計画の開示」（48.6％）、「新規事業に関する進捗情報の積極的な社内への発信」（33.7％）、「新規事業のニーズに関する顧客の声の共有」（30.1％）の順に多く、こうした取組が既存事業に従事する社員の理解を高める上で重要である可能性が示唆される（第2-1-74図）。

第24問　成長に向けた海外展開

●中小企業・小規模事業者の海外展開の状況

企業規模別に直接輸出企業割合、海外向けの直接投資企業割合の推移を見ると、直近で2020年度の大企業の直接輸出企業割合は［①］%、直接投資企業割合は［②］%となっている一方、中小企業の直接輸出割合は［③］%、直接投資割合は［④］%となっている。

業種別に海外展開の実施状況を見ると、［⑤］業において「海外展開をしている」割合が最も高く、［⑥］%となっている一方、［⑦］業において「海外展開をしている」割合が最も低く、［⑧］%となっている。

●海外展開実施による企業業績への影響

海外展開実施による売上高・経常利益への貢献度を見ると、海外展開が自社の売上高・経常利益に「大幅に貢献した」、「やや貢献した」と回答した割合が［⑨］割を超えている。

輸出実施企業と輸出非実施企業の労働生産性の推移を見ると、輸出実施企業においては、輸出非実施企業と比べて労働生産性が［⑩］水準に差が見られ、感染症流行を経ても比較的同じ水準の差を維持していることが分かる。

(設問1)

文中の空欄①～⑩に適切な語句または数値を記入せよ。

(設問2)

下線部について、海外展開時の強み別に、海外展開実施による売上高への貢献度を見た場合、売上高へ貢献したと回答した割合が最も高い強みはどれか。

ア　製品・商品・サービスのコストパフォーマンス
イ　製品・商品・サービスの独創性・個別性
ウ　人的資産や組織力、経営理念、顧客ネットワーク、技能等の知的資産
エ　ブランド、営業秘密、ノウハウ等の知的財産

解答・解説

＜中小企業白書　第2部第1章第4節＞

解　答

（設問1）

①28.2　②33.0　③21.2　④15.1　⑤製造　⑥19.3　⑦不動産・物品賃貸
⑧2.0　⑨5　⑩高く

（設問2）

イ　製品・商品・サービスの独創性・個別性

解 説

【2023年版の中小企業白書より】

経済産業省「企業活動基本調査」を用いて企業規模別に直接輸出企業割合、海外向けの直接投資企業割合の推移を確認すると、直近で2020年度の大企業の直接輸出企業割合は28.2%、直接投資企業割合は33.0%となっている一方、中小企業の直接輸出割合は21.2%、直接投資割合は15.1%となっており、大企業と比べると、中小企業の海外展開は引き続き低水準にとどまっていることが分かる（第2-1-75図）。

（株）東京商工リサーチ「中小企業が直面する経営課題に関するアンケート調査」を用いて業種別に海外展開の実施状況を確認すると、製造業において「海外展開をしている」割合が最も高く、19.3%となっている一方、不動産・物品賃貸業において「海外展開をしている」割合が最も低く、2.0%となっている。このことから、業種に応じて海外展開の実施状況に差があることが分かる（第2-1-76図）。

（株）東京商工リサーチ「中小企業が直面する経営課題に関するアンケート調査」を用いて海外展開実施による売上高・経常利益への貢献度を確認すると、海外展開が自社の売上高・経常利益に「大幅に貢献した」、「やや貢献した」と回答した割合が5割を超えており、海外展開実施は企業にとって、売上高や経常利益といった業績に好影響を与えていることが分かる（第2-1-77図）。

（株）東京商工リサーチ「中小企業が直面する経営課題に関するアンケート調査」を用いて海外展開を実施している企業について、海外展開時の強み別に、海外展開実施による売上高・経常利益への貢献度を確認すると、「製品・商品・サービスの独創性・個別性」（57.9%）や「コストパフォーマンス」（31.3%）のほか、「人的資産や組織力、経営理念、顧客ネットワーク、技能等の知的資産」（43.6%）、「ブランド、営業秘密、ノウハウ等の知的財産」（34.9%）を強みにしている企業ほど、売上高や経常利益への貢献度があったと回答する傾向にあることが分かる（第2-1-78図）。

第25問　事業承継の動向

●後継者の確保

後継者不在率は2017年の［　①　］％をピークに近年は［　②　］傾向にあり、足下の2022年は［　③　］％と、調査を開始した2011年以降、初めて［　④　］％を下回っている。

●事業承継の意向

経営者の年代別に事業承継の意向を見ると、経営者の年代が上がるにつれて、親族内・親族外にかかわらず、何らかの形で事業承継を検討している企業の割合が［　⑤　］くなっている。一方で、事業承継について「未定である・分からない」と回答する企業の割合は、経営者の年代が上がるにつれて［　⑥　］傾向にあるものの［　⑦　］歳以上でも［　⑧　］割弱存在する。

●後継者の選定状況

事業承継の意向がある企業を対象として、経営者の年代別の後継者の選定状況について見ると、経営者年齢が高くなるにつれて、後継者が「決まっている（後継者の了承を得ている）」と回答した企業の割合が増加しており、［　⑦　］歳代以上では、［　⑨　］割を超えている。一方で、［　⑦　］歳以上の企業においても、「候補者はいるが、本人の了承を得ていない（候補者が複数の場合も含む）」、「候補者はいない、又は未定である」と回答した企業が合わせて［　⑩　］割を超えている。

(設問1)

文中の空欄①～⑩に適切な語句または数値を記入せよ。

(設問2)

下線部について、後継者の選定理由に関する次の文中の空欄AとBに入る語句として、最も適切なものはどれか。

「［　A　］」と回答する割合が4割を超えており最も高く、次に「［　B　］」、「経営者として必要な知識・スキルを習得したため」と続いている。

a：後継者から引継ぎ意思を伝えられたため
b：現経営者の年齢や体調に不安を感じたため
c：経営者としての自覚・当事者意識を備えたため
d：自社や他社で十分な実務経験を積んだため

☞ 解答・解説

＜中小企業白書　第2部第2章第1節＞

解　答

（設問1）

①66.5　②減少　③57.2　④60　⑤高　⑥減少　⑦70　⑧3　⑨6　⑩3

（設問2）

A：c 経営者としての自覚・当事者意識を備えたため

B：d 自社や他社で十分な実務経験を積んだため

解 説

【2023年版の中小企業白書より】

（株）帝国データバンク「全国企業『後継者不在率』動向調査（2022年）」を用いて後継者不在率の推移を確認すると、後継者不在率は2017年の66.5%をピークに近年は減少傾向にあり、足下の2022年は57.2%と、調査を開始した2011年以降、初めて60%を下回っている（第2-2-3図）。

続いて、経営者の年代別に事業承継の意向を確認すると、経営者の年代が上がるにつれて、親族内・親族外にかかわらず、何らかの形で事業承継を検討している企業の割合が高くなっている。一方で、事業承継について「未定である・分からない」と回答する企業の割合は、経営者の年代が上がるにつれて減少傾向にあるものの70歳以上でも3割弱存在する（第2-2-5図）。

さらに、（株）東京商工リサーチ「中小企業が直面する経営課題に関するアンケート調査」を用いて事業承継の意向がある企業を対象として、経営者の年代別の後継者の選定状況を確認すると、経営者年齢が高くなるにつれて、後継者が「決まっている（後継者の了承を得ている）」と回答した企業の割合が増加しており、70歳代以上では、6割を超えている。一方で、70歳以上の企業においても、「候補者はいるが、本人の了承を得ていない（候補者が複数の場合も含む）」、「候補者はいない、又は未定である」と回答した企業が合わせて3割を超えている。事業承継が進んでいる企業と進んでいない企業で二極化している様子がうかがえる（第2-2-7図）。

（株）東京商工リサーチ「中小企業が直面する経営課題に関するアンケート調査」を用いて後継者の選定理由を確認すると、「経営者としての自覚・当事者意識を備えたため」と回答する割合が4割を超えており最も高く、次に「自社や他社で十分な実務経験を積んだため」、「経営者として必要な知識・スキルを習得したため」と続いている。後継者が経営者としてふさわしい資質や能力を備えたタイミングで、事業を引き継ぐことを決める企業が多いと考えられる（第2-2-8図）。

第26問　事業承継に向けた準備／後継者の次世代の組織づくりと新たな挑戦

●事業承継の現状

事業承継ガイドラインでは、事業承継を［①］、［②］、［③］の三つの類型に区分している。

［①］は他の類型と比べて、一貫して最も高い割合となっている。一方で、近年は［④］傾向にあり、足下の2022年では［②］と同水準の［⑤］％となっている。

●事業承継後の企業の成長の可能性

後継者が事業承継を機に［⑥］を向上させることや［⑦］に取り組むことは、いずれも事業承継後の企業の成長を促す可能性が確認された。

［⑥］を高める上では、「経営理念・ビジョンの共有」など従業員へ経営の方向性を示す取組や権限委譲を進める取組等が有効である可能性が考えられる。

(設問1)

文中の空欄①～⑦に適切な語句または数値を記入せよ。

(設問2)

次の文中の空欄AとBに入る語句の組み合わせとして、最も適切なものはどれか。

後継者が事業再構築に取り組む際には、先代経営者だけでなく、従業員も同様に重要な存在であるといえる。その先代経営者や従業員から理解を得るための取組として回答があったもののうち、［A］が5割を超えており最も高く、次いで［B］と回答する割合が高い。

ア　A：社内で人望の厚い従業員に取組へ参加してもらった
　　B：現経営者自ら率先して行動する姿を見せた
イ　A：社内で人望の厚い従業員に取組へ参加してもらった
　　B：社外の関係者や専門家から取組の意義やメリットを伝えてもらった
ウ　A：現経営者自ら率先して行動する姿を見せた
　　B：現経営者自ら、取組の意義やメリットを継続的に発信した
エ　A：地道に売上を伸ばすなど、小さな成功体験を積み重ねた
　　B：現経営者自ら率先して行動する姿を見せた

解答・解説

＜中小企業白書　第2部第2章第1節＞

解　答

（設問1）

①親族内承継　②従業員承継　③社外への引継ぎ（M&A）　④減少　⑤34.0
⑥従業員の自主性　⑦事業再構築

（設問2）

ウ　A：現経営者自ら率先して行動する姿を見せた
　　B：現経営者自ら、取組の意義やメリットを継続的に発信した

解 説

【2023年版の中小企業白書より】

事業承継ガイドラインを用いて事業承継の類型を確認すると、事業承継を親族内承継、従業員承継、社外への引継ぎの三つの類型に区分している（第2-2-10図）。

（株）帝国データバンク「全国企業『後継者不在率』動向調査（2022年）」を用いて近年事業承継した経営者の就任経緯を確認すると、親族内承継は他の類型と比べて、一貫して最も高い割合となっているが、近年は減少傾向にあり、足下の2022年では従業員承継と同水準の34.0%となっている（第2-2-11図）。

次に、（株）帝国データバンク「中小企業の事業承継・M＆Aに関する調査」を用いて事業承継を契機とした従業員の自主性の変化別の売上高年平均成長率の分布を確認すると、事業承継を契機に「従業員の自主性が高まった」企業は、「従業員の自主性が高まっていない」企業と比較して、売上高年平均成長率の水準が「高」、「やや高」と回答した割合が高い傾向にある（第2-2-23図）。また、事業承継を機に取り組んだ事業再構築の効果を確認すると、売上高の増加や付加価値額の増加に「大きく寄与した」、「ある程度寄与した」と回答した割合がいずれも7割を超えている（第2-2-29図）。さらに、先代経営者や従業員から理解を得るための取組を確認すると、「現経営者自ら率先して行動する姿を見せた」が5割を超えており最も高く、次いで「現経営者自ら、取組の意義やメリットを継続的に発信した」、「地道に売上げを伸ばすなど、小さな成功体験を積み重ねた」と回答する割合が高い（第2-2-37図）。

【重要ワード】

- **親族内承継**：現経営者の子をはじめとした親族に承継させる方法である。
- **従業員承継**：「親族以外」の役員・従業員に承継させる方法である。
- **社外への引継ぎ（M&A）**：株式譲渡や事業譲渡等により社外の第三者に引き継がせる方法である。

第27問 M&A

● M&Aの動向

事業承継・引継ぎ支援センターの相談社数と第三者承継に関する成約件数の推移を見ると、相談社数・成約件数共に近年［ ① ］傾向にあることが分かる。このことから大企業だけでなく、中小企業においてもM&A件数が［ ② ］していることが分かる。

● M&A成立前までの取組

買い手としてM&Aに関心がある企業を対象に、M&Aの目的を見ると、「［ ③ ］」が最も高く、7割を超えている。また「新事業展開・異業種への参入」と回答する割合も3番目に高く、M&Aを企業規模拡大や事業多角化といった成長戦略の一環として捉えている企業が多いことが示唆される。

また、「人材の獲得」が［ ④ ］割を超えており、M&Aを人材獲得の手段として捉えている企業も存在すると考えられる。

● M&A成立前後の統合作業

M&Aの目的を実現させ、その効果を最大化するため、M&A成立後に行われる統合に向けた作業（PMI）を重視する動きがある。買い手としてM&Aを実施した企業を対象に、PMIを実施する際の課題について見ると、経営統合時の課題として、「自社従業員と［ ⑤ ］の一体感の醸成」が50.3％と最も高く、次いで「相手先従業員の［ ⑥ ］向上」が47.2％となっている。

（設問1）

文中の空欄①～⑥に適切な語句または数値を記入せよ。

（設問2）

次の文中の空欄Aに入る語句として、最も適切なものはどれか。

（株）帝国データバンク「中小企業の事業承継・M&Aに関する調査」を用いて、買い手としてM&Aを実施する際の障壁を確認した場合、「［ A ］」と回答した割合が5割以上で最も高い。

ア　判断材料としての情報が不足している。
イ　相手先従業員等からの理解が得られるか不安がある。
ウ　期待する効果が得られるかよくわからない。
エ　相手先（売り手）企業が見つからない。

☞ 解答・解説

＜中小企業白書　第2部第2章第1節＞

解　答

（設問1）
①増加　②増加　③売上・市場シェア拡大　④5　⑤相手先従業員
⑥モチベーション
（設問2）
イ　相手先従業員等からの理解が得られるか不安がある。

解 説

【2023年版の中小企業白書より】

(独)中小企業基盤整備機構調べを用いて事業承継・引継ぎ支援センターの相談社数・成約件数の推移を確認すると、第三者に事業を引き継ぐ意向がある中小企業者と、他社から事業を譲り受けて事業の拡大を目指す中小企業者等との、マッチングの支援等を行う事業承継・引継ぎ支援センターの相談社数と第三者承継に関する成約件数の推移は共に近年増加傾向にあり、中小企業においてもM&A件数が増加していることが分かる（第2-2-43図）。

(株)帝国データバンク「中小企業の事業承継・M&Aに関する調査」を用いてM&Aの目的（買い手）を確認すると、「売上・市場シェア拡大」が最も高い。M&Aを企業規模拡大や事業多角化といった成長戦略の一環として捉えている企業が多いことが示唆される。（第2-2-45図）。

(株)帝国データバンク「中小企業の事業承継・M&Aに関する調査」を用いてPMIを実施する際の課題を確認すると、「自社従業員と相手先従業員の一体感の醸成」が50.3%と最も高い。相手先企業の従業員に課題を抱える中小企業が多いと推察される（第2-2-52図）。

(株)帝国データバンク「中小企業の事業承継・M&Aに関する調査」を用いてM&Aを実施する際の障壁（買い手）を確認すると、「相手先従業員等からの理解が得られるか不安がある」と回答した割合が5割以上と最も高い。M&A成立前の段階から「相手先経営者や従業員の人柄・価値観」を確認しておくことが、不安の解消につながる可能性が考えられる（第2-2-47図）。

【重要ワード】

- **PMI**：中小企業庁（2022）「中小PMIガイドライン」によると、PMIとは「主にM&A成立後に行われる統合に向けた作業であり、M&Aの目的を実現させ、統合の効果を最大化するために必要なもの」である。Post Merger Integration の頭文字をとり「PMI」と呼ばれる。

第28問 起業・創業の動向

●我が国の起業の実態

我が国の開業率・廃業率の推移(「雇用保険事業年報」を基に中小企業庁で算出)について、開業率は、1988年度をピークとして低下傾向に転じた後、2000年代を通じて緩やかな上昇傾向で推移してきたが、2018 年度に再び低下。足下では[①]%となっている。廃業率は、1996年度以降[②]傾向で推移していたが、2010年度からは[③]傾向で推移している。

諸外国の開廃業率の推移を比較すると、国際的に見ると我が国の開廃業率は[④]であることが分かる。

●起業の目的や直面する課題

起業の準備段階で生じた課題を経営者の年代別に見ると、全体では「[⑤]」、次いで「資金調達方法の目処がつかなかった」と回答した割合が高い。年代別に見ると、[⑥]歳代以下において、事業・経営に必要な専門知識・ノウハウの不足の回答割合が特に高くなっている。

起業に踏み切れた理由を経営者の年代別に見ると、各年代で「[⑦]」が最も高いことが分かる。次いで30歳代以下では「身につけるべきスキルを習得した」が、40歳代以上の各年代では「[⑧]」が高くなっている。

(設問1)

文中の空欄①～⑧に適切な語句または数値を記入せよ。

(設問2)

次の文中の空欄AとBに入る業種の組み合わせとして、最も適切なものはどれか。

「雇用保険事業年報」を基に中小企業庁で算出した業種別の開廃業率(2021年度)について、開業率は「[A]」が最も高く、「[B]」が続いている。また、廃業率について見ると、「[A]」が最も高く、「[B]」が続いている。

ア　A：生活関連サービス業，娯楽業　　B：宿泊業，飲食サービス業
イ　A：生活関連サービス業，娯楽業　　B：小売業
ウ　A：宿泊業，飲食サービス業　　B：生活関連サービス業，娯楽業
エ　A：宿泊業，飲食サービス業　　B：情報通信業

☞ 解答・解説

<中小企業白書　第2部第2章第2節>

解　答

（設問1）

①4.4　②増加　③低下　④相当程度低水準

⑤事業に必要な専門知識、経営に関する知識・ノウハウが不足していた

⑥30　⑦起業について、相談できる支援者がいた　⑧資金調達の目処が立った

（設問2）

ウ　A：宿泊業，飲食サービス業　　B：生活関連サービス業，娯楽業

解 説

【2023年版の中小企業白書より】

厚生労働省「雇用保険事業年報」を用いて開業率・廃業率の推移を確認すると、開業率は、1988年度をピークとして低下傾向に転じた後、2000年代を通じて緩やかな上昇傾向で推移してきたが、2018年度に再び低下。足下では4.4%となっている。廃業率 は、1996年度以降増加傾向で推移していたが、2010年度からは低下傾向で推移して いる（第2-2-54図）。厚生労働省「雇用保険事業年報」、United States Census Bureau「The Business Dynamics Statistics」、英国国家統計局「Business Demography」Eurostatを用いて開廃業率の国際比較を確認すると、我が国の開廃業率は相当程度低水準であることが分かる（第2-2-58図）。

（株）帝国データバンク「中小企業の起業・創業に関する調査」を用いて経営者の年代別に起業段階で生じた課題を確認すると、全体では「事業に必要な専門知識、経営に関する知識・ノウハウが不足していた」、次いで「資金調達方法の目処がつかなかった」が高い。年代別に見ると、30歳代以下において、事業・経営に必要な専門知識・ノウハウの不足の回答割合が特に高くなっており、起業の障壁となっている様子がうかがえる（第2-2-61図）。（株）帝国データバンク「中小企業の起業・創業に関する調査」を用いて経営者の年代別に起業に踏み切れた理由を確認すると、各年代で「起業について、相談できる支援者がいた」が最も高い。次いで30歳代以下では「身につけるべきスキルを習得した」が、40歳代以上の各年代では「資金調達の目処が立った」が高くなっている（第2-2-62図）。

厚生労働省「雇用保険事業年報」を用いて業種別の開廃業率（2021年度）を確認すると、「宿泊業，飲食サービス業」が最も高く、「生活関連サービス業，娯楽業」、「情報通信業」と続いている。また、廃業率は「宿泊業，飲食サービス業」が最も高く、「生活関連サービス業，娯楽業」、「小売業」が続いている（第2-2-55図）。

第29問 起業・創業に向けた取組

●経営者の能力・強みや経験

経営者が創業時に身につけていた、経営に関する能力・強みの有無を見ると、「[①]に関する知識・経験」の回答割合が最も高く、次いで、「[②]」、「[③]」と続いていることが分かる。

●創業時における人材確保

創業時の人材確保状況別に、売上高成長率の分布を見ると、人数面、能力面のそれぞれにおいて、創業時に確保できているほど、売上高成長率が[④]い企業の割合が[⑤]くなることが分かる。

(設問1)

文中の空欄①～⑤に適切な語句を記入せよ。

(設問2)

次の文中の空欄A～Cに入る語句の組み合わせとして、最も適切なものを選べ。

(株)帝国データバンク「中小企業の起業・創業に関する調査」に基づき、創業期に最も有効だった採用方法を確認すると、[A]が最も高くなっており、次いで[B]、[C]といった回答が上位となっていることが分かる。

ア　A：「ハローワーク」
　　B：「前職等関係者の採用」
　　C：「経営者の知人・友人や社員からの紹介の活用」
イ　A：「ハローワーク」
　　B：「経営者の知人・友人や社員からの紹介の活用」
　　C：「前職等関係者の採用」
ウ　A：「前職等関係者の採用」
　　B：「経営者の知人・友人や社員からの紹介の活用」
　　C：「ハローワーク」
エ　A：「前職等関係者の採用」
　　B：「ハローワーク」
　　C：「経営者の知人・友人や社員からの紹介の活用」

解答・解説

＜中小企業白書　第2部第2章第2節＞

解　答

（設問1）

①業界　②リーダーシップ　③取引先拡大に向けた営業力　④高　⑤多

（設問2）

エ　A：「前職等関係者の採用」

B：「ハローワーク」

C：「経営者の知人・友人や社員からの紹介の活用」

解 説

【2023年版の中小企業白書より】

経営者の持つ人的資本については、創業後の成長要因として重要な要素であるといわれる。（株）帝国データバンク「中小企業の起業・創業に関する調査」を用いて経営者が創業時に身につけていた能力・強みを確認すると、「業界に関する知識・経験」、「リーダーシップ」、「取引先拡大に向けた営業力」の順に回答割合が高い（第2-2-63図）。

（株）帝国データバンク「中小企業の起業・創業に関する調査」を用いて創業時の人材確保（人数面・能力面）状況別に売上高成長率の分布を確認すると、人数面、能力面のそれぞれにおいて、人材が確保できているほど売上高成長率が高い企業の割合が多くなることから、人数・能力のそれぞれの観点で、人材確保に注力することが重要である可能性がうかがえる（第2-2-67図）。

創業後間もない企業においては、採用市場における人材確保が容易ではなく、企業の成長に向けては、効率的な採用を実施していくことが必要と考えられる。（株）帝国データバンク「中小企業の起業・創業に関する調査」を用いて創業期に最も有効だった採用方法を確認すると、「前職等関係者の採用」が最も高く、次いで「ハローワーク」、「経営者の知人・友人や社員からの紹介の活用」といった回答が上位となっていることが分かる（第2-2-69図）。ハローワーク等の機関を活用するだけでなく、前職等の関係者や友人・知人といった経営者等の持つ人的ネットワークを活用した採用も有効である可能性がうかがえる。

第30問　創業時における差別化の重要性

●創業時に実施した差別化の取組内容別に見た、売上高成長率の分布

創業時に実施した差別化の取組内容別に見た、売上高成長率の分布を見ると、「①」、「②」のほかに、「③」や「④」といった取組において、売上高成長率の高い企業の割合が多くなっていることが分かる。

●各成長段階における、確保できた重要度の高い人材

各成長段階において確保できた重要度の高い人材について見ると、いずれの段階においても、「⑤」と「⑥」の重要度が高く、成長段階が進むにつれて、その割合が高まっていることが分かる。

●創業時と現在における、経営者が身につけている能力・強みの比較

経営者が身につけている能力・強みの内容について、創業時から現在にかけて「持っている」と回答した割合は全ての項目で ⑦ していることが分かる。

(設問1)

文中の空欄①～⑦に適切な語句を記入せよ。

(設問2)

下線部に関して、創業時に「持っている」とした割合から現在「持っている」とした割合への増加割合が大きい上位2つの組み合わせとして、最も適切なものはどれか。

a　経営について相談できるネットワーク
b　税務・法務等各種手続き等の実務能力
c　事業計画の策定能力
d　決算書などの計数管理能力

ア　aとc　　イ　aとd　　ウ　bとc　　エ　bとd

解答・解説

＜中小企業白書　第2部第2章第2節＞

解　答

（設問1）

①EC等の新たな販売方法の導入　②価格帯で差別化された製品・サービスの販売
③特定顧客向け製品・サービスの開発
④用途・デザイン・操作性で差別化された製品の開発
⑤経営者を補佐する右腕人材　⑥営業・販売に長けた人材　⑦増加
（①～④および⑤、⑥は順不同）

（設問2）

エ　b(税務・法務等各種手続き等の実務能力)とd(決算書などの計数管理能力)

解説

【2023年版の中小企業白書より】

(株)帝国データバンク「中小企業の起業・創業に関する調査」を用いて創業時に実施した差別化の取組内容を確認すると、「製品・サービスの高機能化」、「類似のない新製品・サービスの開発」と回答する企業の割合が高いことが分かる(第2-2-74図)。

また、(株)帝国データバンク「中小企業の起業・創業に関する調査」を用いて創業時に実施した差別化の取組内容別に売上高成長率の分布を確認すると、「EC等の新たな販売方法の導入」、「価格帯で差別化された製品・サービスの販売」のほかに、「特定顧客向け製品・サービスの開発」や「用途・デザイン・操作性で差別化された製品の開発」といった取組において、売上高成長率の高い企業の割合が多くなっていることが分かる(第2-2-75図)。

(株)帝国データバンク「中小企業の起業・創業に関する調査」を用いて各成長段階における、確保できた重要度の高い人材を確認すると、創業期・成長初期・成長初期以降のいずれの段階においても、「経営者を補佐する右腕人材」と「営業・販売に長けた人材」の重要度が高く、成長段階が進むにつれて、その割合が高まっていることが分かる。(第2-2-78図)。

(株)帝国データバンク「中小企業の起業・創業に関する調査」を用いて創業時と現在における、経営者が身につけている能力・強みの比較を確認すると、創業時から現在にかけて「持っている」と回答した割合は全ての項目で増加していることが分かり、創業以降において、経営者が各能力・強みを身につけるよう取組を行っている様子がうかがえる。また増加割合が高い上位2項目は「税務・法務等各種手続き等の実務能力(創業時25.1%→現在57.1%)」と「決算書などの計数管理能力(創業時39.6%→現在76.4%)」であり、その重要性を経営者が認識し、獲得に向けて取り組んでいることが示唆される(第2-2-79図)。

第31問 取引適正化と価格転嫁

● 受注量の状況

中小企業・小規模事業者が最も多く取引している販売先との取引において、2022年の受注量の状況を見ると、業種にかかわらず、[①]割弱程度の企業で、2019年、2021年と比べると受注量が増加している。

● コストの変動状況

原材料・仕入コスト、人件費、エネルギーコストのいずれも、製造業がサービス業と比べて[②]と回答した割合が高い。特に製造業については、「原材料・仕入コスト」「エネルギーコスト」が対2021年比、対2019年比のいずれについても[③]割以上の企業が[②]と回答している。

● コストの変動に対する価格転嫁の状況

原材料、労務費、エネルギー価格の各コストの変動に対する価格転嫁の状況を見ると、製造業では[④]の変動が反映されたとする回答割合が高い。一方で労務費、エネルギー価格の変動については、いずれの業種においても、比較的反映されていない状況にある。

取引金額がもっとも大きい販売先への依存度（取引依存度）別に価格転嫁の状況について見ると、取引依存度の[⑤]い企業では、「反映されなかった」とする割合が高くなっている。また、直近10年の販売先数の変化別に、コスト全般の変動に対する価格転嫁の状況を見ると、販売先数が「増加した」と回答した受注側事業者は、「横ばい」「減少した」と回答した事業者と比べ、「おおむね反映された」「一部反映された」の割合が[⑥]くなっている。発注側企業の価格転嫁が困難な理由については<u>様々な理由が見受けられる</u>。

(設問1)

文中の空欄①～⑥に適切な語句または数値を記入せよ。

(設問2)

下線部について、発注側が「あてはまる」「ややあてはまる」と回答した合計割合が最も高い理由として、適切なものはどれか。

ア　商品・サービスのブランド化や差別化による競争力が弱いため
イ　競合他社の商品価格との価格競争力が弱いため
ウ　仕入先と価格交渉に向けた関係性が構築しづらいため
エ　価格改定に伴って取引コストの負担が増大するため

解答・解説

<中小企業白書　第2部第3章第1節>

解　答

（設問1）

①3　②上昇　③8　④原材料価格　⑤高　⑥高

（設問2）

イ　競合他社の商品価格との価格競争力が弱いため

解説

【2023年版の中小企業白書より】

（株）東京商工リサーチ「令和4年度取引条件改善状況調査」を用いて業種別に受注量の状況を確認すると、業種にかかわらず、3割弱程度の企業で、2019年、2021年と比べると受注量が増加している（第2-3-1図）。

続いて、業種別に原材料・仕入コストの状況（対2019年比、対2021年比）を確認すると、原材料・仕入コスト、人件費、エネルギーコストのいずれも、製造業がサービス業と比べて上昇と回答した割合が高い。特に製造業については、「原材料・仕入コスト」「エネルギーコスト」が対2021年比、対2019年比のいずれについても8割以上の企業が上昇と回答している（第2-3-3図、第2-3-4図、第2-3-5図）。

続いて、直近1年の各コストの変動に対する価格転嫁の状況を確認すると、原材料、労務費、エネルギー価格の各コストにおいて、製造業では原材料価格の変動が反映されたとする回答割合が高い。一方で労務費、エネルギー価格の変動については、いずれの業種においても、比較的反映されていない状況にある。特に労務費については全業種共通で半数以上が十分な価格転嫁を行えておらず、賃上げの原資となる価格転嫁は、引き続きの重要な課題である（第2-3-6図）。

続いて、取引先が最も大きい販売先への依存度（取引依存度）別のコスト全般の変動に対する価格転嫁の状況と直近10年の販売先数の変化別のコスト全般の変動に対する価格転嫁の状況を確認すると、取引依存度の高い企業では、「反映されなかった」とする割合が高くなっている。また、販売先数が「増加した」と回答した受注側事業者は、「横ばい」「減少した」と回答した事業者と比べ、「おおむね反映された」「一部反映された」の割合が高くなっている（第2-3-8図、第2-3-9図）。

続いて、価格転嫁が困難な理由を確認すると、受注側企業や発注側企業共に、「商品・サービスのブランド化や差別化による競争力が弱いため（合計割合24.1％）」及び「競合他社の商品価格との価格競争力が弱いため（合計割合24.5％）」の回答が他の理由と比べて一定数見られる。

第32問 中小企業のデジタル化推進に向けた取組

●中小企業のデジタル化の取組状況

中小企業全体おいて、感染症流行前の2019年時点ではデジタル化の取組段階がデジタル化による業務効率化やデータ分析に取り組んでいる状態（段階3）又はデジタル化によるビジネスモデルの変革や競争力強化に取り組んでいる状態（段階4）と回答した企業が2割に満たなかったのに対し、2022年時点では［ ① ］割を超えている。

●中小企業のデジタル化のきっかけ

中小企業がデジタル化に取り組んだきっかけを従業員規模別に確認すると、従業員規模によって<u>最も多いきっかけが異なっている</u>。従業員規模にかかわらず、事業承継をきっかけにして、［ ② ］%前後の企業が進展したと回答している。

●市区町村の人口規模別に見るデジタル化進展の背景

全体の傾向として、人口規模が［ ③ ］市区町村に所在する企業ほど、デジタル化の取組段階が進展している。

デジタル化の取組に関わる「自治体」要素の重要度と現状は、東京都特別区を除き、いずれの人口規模においても、①自治体のリーダーシップ、②自治体DXの取組、③自治体による支援のそれぞれについて、［ ④ ］割程度の企業が「重要である」と回答していることが分かる。一方、現状について見ると、東京 都特別区を除き、いずれの人口規模においても、①～③のそれぞれについて、「十分」と回答した企業の割合が約［ ⑤ ］割にとどまっていることが分かる。

（設問1）

文中の空欄①～⑤に適切な語句または数値を記入せよ。

（設問2）

下線部に関して「a従業員規模が20人以下の企業」および「b従業員規模が21人以上の企業」における最も多いきっかけの組み合わせとして適切なものはどれか。

ア　a：取引先からのデジタル化の要請、b：社内からのデジタル化に対する要望
イ　a：取引先からのデジタル化の要請、b：支援機関からの推奨
ウ　a：支援機関からの推奨、b：社内からのデジタル化に対する要望
エ　a：支援機関からの推奨、b：取引先からのデジタル化の要請

解答・解説

<中小企業白書　第2部第3章第2節>

解答

（設問1）

①3　②50　③大きい　④8　⑤3

（設問2）

ウ　a：支援機関からの推奨、b：社内からのデジタル化に対する要望

解説

【2023年版の中小企業白書より】

中小企業白書では、デジタル化の取組状況を4段階に大別して分析している（第2-3-11図）。（株）野村総合研究所「地域における中小企業のデジタル化及び社会課題解決に向けた取組等に関する調査」を用いて時点別にデジタル化の取組状況を確認すると、中小企業全体おいて、感染症流行前の2019年時点ではデジタル化の取組段階が3又は4と回答した企業が2割に満たなかったのに対し、2022年時点では3割を超えている（第2-3-12図）。

続いて、従業員規模別に、デジタル化に取り組んだきっかけを確認すると、従業員規模が20人以下の企業においては、「支援機関等からの推奨」が最も多いとともに、「取引先からのデジタル化の対応要請」が続いており、社内よりも社外からの要請などをきっかけとしている企業の割合が高い傾向にあることが分かる。一方で、従業員規模が21人以上の企業においては、「取引先からのデジタル化の対応要請」などをきっかけとしている企業も一定数存在しているが、「社内からのデジタル化に対する要望」が最も多く、社内の従業員等からの提案や要望などがきっかけとなっている様子がうかがえる（第2-3-13図）。また、従業員規模別に、事業承継をきっかけとしたデジタル化の取組段階の進展状況を確認すると、従業員規模にかかわらず、50％前後の企業が進展したと回答していることが見て取れる（第2-3-15図）。

続いて、時点別のデジタル化の取組状況（市区町村の人口規模別）を確認すると、全体の傾向として、人口規模が大きい市区町村に所在する企業ほど、デジタル化の取組段階が進展していることが確認できる（第2-3-18図）。

続いて、企業が所在する市区町村の人口規模別に、デジタル化の取組に関わる「自治体」要素の重要度と現状を確認すると、東京都特別区を除き、いずれの人口規模においても、①自治体のリーダーシップ、②自治体DXの取組、③自治体による支援のそれぞれについて、8割程度の企業が「重要である」と回答していることが分かる。一方、現状について見ると、東京都特別区を除き、いずれの人口規模においても、①～③のそれぞれについて、「十分」と回答した企業の割合が約3割にとどまっていることが分かる（第2-3-21図）。

第33問　中小企業のデジタル化推進に向けた戦略とデジタル人材

●中小企業のデジタル化の推進に向けた戦略的な取組

デジタル化を推進している部署（人）について確認すると、「［①］」が48.0%と最も高く、他方約［②］割の企業において「推進する部署（人）はない」となっている。

●デジタル化のビジョン・目標の設定の実施状況と効果

デジタル化のビジョン・目標の設定の実施状況を確認すると、従業員規模20人以下の企業ではビジョン・目標を設定している割合が［③］割を下回っている。デジタル化のビジョン・目標の設定状況別の取組効果は、「ビジョン・目標を定めている」と回答した企業では約［④］割がデジタル化の効果を実感している。

●デジタル人材の確保

自社内に確保できている「デジタル化の戦略を推進する人材」の種類は、いずれの取組段階の企業においても「［⑤］」が最も多い。また、「デジタル化の技術を担う人材」の種類は、いずれの取組段階の企業も「［⑥］」が最も多く、次いで「［⑦］」が続いている。

（設問1）

文中の空欄①～④に適切な語句または数値を記入せよ。

（設問2）

文中の空欄⑤～⑦の組み合わせとして、最も適切なものはどれか。

ア　⑤各種データをもとに、デジタルを活用した業務プロセスの改善等を提言できる人材
　⑥デジタル事業全体のシステム構想ができる人材
　⑦各種指標についてデータ分析ができる人材

イ　⑤各種データをもとに、デジタルを活用した業務プロセスの改善等を提言できる人材
　⑥各種指標についてデータ分析ができる人材
　⑦デジタル事業全体のシステム構想ができる人材

ウ　⑤デジタル事業のプロジェクトをマネジメントできる人材
　⑥デジタル事業全体のシステム構想ができる人材
　⑦各種指標についてデータ分析ができる人材

エ　⑤デジタル事業のプロジェクトをマネジメントできる人材
　⑥各種指標についてデータ分析ができる人材
　⑦デジタル事業全体のシステム構想ができる人材

☞ 解答・解説

<中小企業白書　第2部第3章第2節>

解　答

（設問1）

①経営者（あるいは経営層）　②4　③2　④9

（設問2）

ア　⑤各種データをもとに、デジタルを活用した業務プロセスの改善等を提言できる人材

⑥デジタル事業全体のシステム構想ができる人材

⑦各種指標についてデータ分析ができる人材

解説

【2023年版の中小企業白書より】

（株）野村総合研究所「地域における中小企業のデジタル化及び社会課題解決に向けた取組等に関する調査」を用いてデジタル化を推進している部署（人）を確認すると、「経営者（経営層）」が48.0％と最も高く、経営者が主体となってデジタル化を推進している様子がうかがえる。他方、IT部門やデジタル化の専門部署を設置している企業は5.3％で、約4割の企業において「推進する部署（人）はない」と回答しており、デジタル化を推進する決まった部署や担当者がいない企業が一定数存在していることも確認できる（第2-3-25図）。

続いて、デジタル化のビジョン・目標の設定の実施状況と効果を確認すると、従業員規模が20人以下の企業では、「ビジョン・目標を定めている」割合が2割を下回っている。続いて、「デジタル化のビジョン・目標の設定状況別に見た、デジタル化の推進に向けた取組の効果」を見ると、「ビジョン・目標を定めている」と回答した企業では約9割がデジタル化の効果を実感していることが分かる（第2-3-28図）。

続いて、「デジタル化の取組段階別に見た、自社内に確保できているデジタル化の戦略を推進する人材の種類」を見ると、いずれの取組段階の企業においても「各種データをもとに、デジタルを活用した業務プロセスの改善等を提言できる人材」が最も多いことが見て取れる（第2-3-35図）。

続いて、「デジタル化の取組段階別に見た、自社内に確保できているデジタル化の技術を担う人材の種類」を見ると、いずれの取組段階の企業においても「デジタル事業全体のシステム構想ができる人材」が最も多く、「各種指標についてデータ分析ができる人材」が続いていることが見て取れる（第2-3-36図）。

第34問 中小企業のデジタル化推進に向けた支援機関の活用と地域内連携

●デジタル化の取組に関する支援機関への相談状況

デジタル化に関して支援機関への相談経験がある企業にその相談内容を確認したところ、「 ① 」が最も多い。

デジタル化について今後、支援機関に支援を求めたい内容を確認したところ、従業員規模が50人以下の企業では「 ② 」が最も多く、授業員規模が51～100人の企業では「 ③ 」、101人以上の企業では「 ④ 」がそれぞれ最も多い。

●中小企業のデジタル化に対する支援機関の支援状況と支援機関同士の連携

中小企業のデジタル化に関する支援経験を有する支援機関が、最も強みを発揮できる支援内容は「 ⑤ 」が最も多い。

また、より効果的に中小企業のデジタル化を支援するため支援機関同士の連携も見られ、その連携先の支援機関としては「 ⑥ 」が最も多く、「 ⑦ 」、「 ⑧ 」が続いている。

(設問1)

文中の空欄①～④の組み合わせとして、最も適切なものはどれか。

ア ①ITツール導入時の支援 ②ITツールの選定
　③デジタル人材の確保・育成 ④費用対効果の測定

イ ①ITツール導入時の支援 ②ITツール導入時の支援
　③費用対効果の測定 ④デジタル人材の確保・育成

ウ ①ITツールの選定 ②ITツールの選定
　③費用対効果の測定 ④デジタル人材の確保・育成

エ ①ITツールの選定 ②ITツール導入時の支援
　③デジタル人材の確保・育成 ④費用対効果の測定

(設問2)

文中の空欄⑤～⑧の組み合わせとして、最も適切なものはどれか。

ア ⑤IT専門家の紹介 ⑥中小企業診断士 ⑦よろず支援拠点 ⑧コンサルタント

イ ⑤IT専門家の紹介 ⑥よろず支援拠点 ⑦中小企業診断士 ⑧商工会・商工会議所

ウ ⑤ITツールの選定 ⑥中小企業診断士 ⑦コンサルタント ⑧よろず支援拠点

エ ⑤ITツールの選定 ⑥よろず支援拠点 ⑦商工会・商工会議所 ⑧中小企業診断士

解答・解説

＜中小企業白書　第2部第3章第2節＞

解　答

（設問1）
ウ　①ITツールの選定　②ITツールの選定
③費用対効果の測定　④デジタル人材の確保・育成
（設問2）
ア　⑤IT専門家の紹介　⑥中小企業診断士　⑦よろず支援拠点　⑧コンサルタント

解 説

【2023年版の中小企業白書より】

（株）野村総合研究所「地域における中小企業のデジタル化及び社会課題解決に向けた取組等に関する調査」を用いてデジタル化に関する支援機関への相談内容を確認すると、「ITツールの選定」が最も多く、「ITツール導入時の支援（導入計画、社員への研修など）」が続いている（第2-3-44図）。

続いて、従業員規模別に、デジタル化について今後、支援を求めたい内容を確認すると、従業員規模が50人以下の企業では、「ITツールの選定」が最も多くなっている。一方で、従業員規模51～100人の企業では「費用対効果の測定」、従業員規模101人以上の企業では「デジタル人材の確保・育成」がそれぞれ最も多くなっており、支援機関に対するニーズがそれぞれ異なっていることが確認できる（第2-3-46図）。

（株）野村総合研究所「中小企業支援機関における支援能力向上に向けた取組等に関するアンケート」を用いて中小企業のデジタル化支援に関する他の支援機関との連携状況と連携している支援機関を確認すると、「IT専門家（ITコーディネータ、ITコンサルタント等）の紹介」が最も多く、また、最も強みを発揮できる支援内容も、「IT専門家（ITコーディネータ、ITコンサルタント等）の紹介」が最も多く、IT専門家とのマッチングを得意としている支援機関が多いことがうかがえる（第2-3-48図）。

続いて、中小企業のデジタル化支援に関する支援機関の連携の実施状況を確認すると、「あまり連携していない」と回答した支援機関も含めると、8割以上の支援機関が他の支援機関と何らかの連携をしていることが分かる。連携先の支援機関を見ると、「中小企業診断士」が最も多く、「よろず支援拠点」、「コンサルタント」が続いている（第2-3-50図）。

【重要ワード】

- **よろず支援拠点：** 中小企業、小規模事業者等からの経営相談を受けるため、国が全国に設置している無料の経営相談所。（中小機構HPよりの抜粋）

第35問 支援機関による支援の現状

●課題解決の状況

支援機関全体での課題解決割合は、4割程度の支援機関において、事業者の課題の［ ① ］以上を解決できている。支援対象企業の業績傾向別に見ると［ ② ］を多く支援している支援機関の方が、［ ③ ］を多く支援している支援機関よりも、課題解決割合が高い傾向にあり、事業者の経営状態によって、抱えている経営課題やその解決の難易度が異なることがうかがえる。支援機関の支援により、事業者の経営課題は一定程度解決されているものの、課題の解決状況にはより向上させる余地があるといえよう。

●本質的な課題設定の状況

支援を通じて事業者が当初想定していた課題とは異なる、より本質的な課題設定をできたケースが「とても多い」、「多い」と回答した支援機関は約4割である。支援機関別に見ると、［ ④ ］、［ ⑤ ］において、本質的な課題設定ができたケースが特に多い。

●伴走支援の実施状況

支援機関全体では、伴走支援を「十分にできている」、「ある程度できている」と回答した割合の合計は［ ⑥ ］を超えている。支援機関別に見ると、特に［ ⑦ ］と［ ⑧ ］において、「十分にできている」と回答した割合が高い。一方、税・法務関係士業では、「十分にできている」、「ある程度できている」の合計が約［ ⑨ ］と、伴走支援を実施していると回答した割合が低い。支援機関によってばらつきはあるものの、全体として伴走支援の取組は浸透していることが分かる。

(設問1)

文中の空欄①～⑨に適切な語句または数値を記入せよ。

(設問2)

下線部について、伴奏支援が実施できていない支援機関の課題について、回答した割合の高い順に並べた組み合わせとして、最も適切なものはどれか。

ア　支援人員の不足 — 支援ノウハウ・知見の不足 — 支援のインセンティブの不足
イ　支援ノウハウ・知見の不足 — 支援人員の不足 — 支援のインセンティブの不足
ウ　支援のインセンティブの不足 — 支援人員の不 — 支援ノウハウ・知見の不足

重要ポイント

☞ 解答・解説

＜中小企業白書　第2部第3章第3節＞

解　答

（設問1）

①6割　②成長志向企業　③事業継続企業　④よろず支援拠点
⑤中小企業診断士　⑥7割　⑦よろず支援拠点　⑧中小企業診断士　⑨5割
（④、⑤および⑦、⑧は順不同）

（設問2）

イ　支援ノウハウ・知見の不足 — 支援人員の不足 — 支援のインセンティブの不足

解 説

【2023年版の中小企業白書より】

（株）野村総合研究所「中小企業支援機関における支援能力向上に向けた取組等に関するアンケート」を用いて課題解決割合を確認すると、成長志向企業を多く支援している支援機関では、約半数の支援機関が事業者の課題の6割以上を解決できているが、事業継続企業を多く支援している支援機関では、事業者の課題の6割以上を解決できている支援機関は3割程度に留まり、事業者の経営状態によって、抱えている経営課題やその解決の難易度が異なることがうかがえる（第2-3-56図）。

続いて、事業者の本質的な課題設定の状況を確認すると、支援を通じて、事業者が当初想定していた課題と異なる、より本質的な課題設定をできケースがあるかを尋ねたところ、よろず支援拠点で95.7%、中小企業診断士で76.5%が「とても多い」、「多い」と回答しており、本質的な課題設定ができているケースが特に多いことが分かる（第2-3-62図）。

続いて、伴走支援の実施状況を確認すると、伴走支援の実施状況では、よろず支援拠点の約4割が、また、中小企業診断士の約3割が、「十分にできている」と回答しており、特に高い割合で伴走支援に取り組んでいることがわかる。一方で、税・法務関係士業の約半数は、「あまりできていない」、「実施していない」と回答しており、支援機関によっては、伴走支援の取組みにばらつきがあることが分かる（第2-3-65図）。

続いて、伴走支援を実施する上での課題を確認すると、伴走支援が実施できている支援機関においても、「支援人員の不足」だけでなく、「支援ノウハウ・知見の不足」と回答した割合が高く、伴走支援のノウハウ・知見の蓄積に課題を感じていることが分かる。これについて、伴走支援が実施できていない支援機関においては「支援ノウハウ・知見の不足」と回答した割合が他の課題と比べて最も高くなっており、伴走支援が実施できていない支援機関においては、支援ノウハウ・知見の不足がより大きな課題となっていることがうかがえる（第2-3-69図）。

第36問 支援機関の支援能力向上の取組み・支援機関同士の連携

●OJTの実施や有効事例の共有

支援機関において、［①］や［②］ができているほど、支援ノウハウの蓄積が進んでいる傾向にあり、これらの取組が支援ノウハウの蓄積を図る上で重要である可能性が示唆される。

●相談員同士の連携

相談員同士の連携が「十分にできている」、「ある程度できている」と回答している支援機関ほど、［③］が高い。これにより、相談員同士で連携することで、各相談員の強みをいかし、弱みを補いながら支援を行うことができ、事業者の課題を適切に解決できる可能性が示唆される。

●各相談員の支援能力の見える化

各相談員の支援能力の見える化ができているほど、［④］が「十分にできている」、「ある程度できている」と回答した割合が高い。これにより、各相談員の支援能力を見える化することで、拠点内で誰と連携すべきかが明確になり、［④］が促される可能性が示唆される。

●支援機関同士の連携

経営課題の「事業計画策定」、「販路開拓・マーケティング」、「資金繰り」、「経営改善」、「事業承継・M＆A」、「創業」では、支援機関同士の連携が頻繁に行われているのに対し、「［⑤］」、「［⑥］」、「［⑦］」、「［⑧］」では支援機関同士の連携があまり行われていない。

(設問1)

文中の空欄①～⑧に適切な語句または数値を記入せよ。

(設問2)

下線部について、支援機関における支援ノウハウの蓄積について、次の文中の空欄A～Cに適切な語句を記入せよ。

支援ノウハウの蓄積ができているほど、「［A］」、「［B］」、「［C］」の実施が進んでいる傾向にあり、支援ノウハウの蓄積を進めることが重要である可能性が示唆される。

解答・解説

＜中小企業白書　第2部第3章第3節＞

解　答

（設問1）
①OJTの実施　②有効事例の共有　③課題解決割合　④相談員同士の連携
⑤生産設備増強、技術・研究開発　⑥人材採用・育成　⑦企業再生　⑧海外展開
（①、②および、⑤、⑥、⑦、⑧は順不同）

（設問2）
A：事業者の課題解決　B：本質的な課題設定　C：伴走支援（A、B、Cは順不同）

解 説

【2023年版の中小企業白書より】

（株）野村総合研究所「中小企業支援機関における支援能力向上に向けた取組等に関するアンケート」を用いて支援ノウハウの蓄積状況及びOJTの実施状況を確認すると、支援ノウハウを蓄積するためには、OJTや有効事例の共有が効果的であり、OJTを実施する上では相談員の支援能力を見える化することで効率的に実施できる可能性も示された（第2-3-74図、第2-3-75図、第2-3-76図）。

続いて、課題解決割合及び相談員同士の連携状況を確認すると、支援能力の見える化は、相談員同士の連携を促し、互いの強みをいかした事業者の課題解決につながる可能性も考えられる（第2-3-77図、第2-3-78図）。

続いて、課題解決割合及び支援計画の策定状況を確認すると、組織全体の支援件数を見える化し、支援計画の策定と見直しを実施することで、組織としての支援能力が向上する可能性が示唆された（第2-3-79図、第2-3-80図）。

続いて、経営課題別に見た、他機関との連携状況を確認すると、「事業計画策定」、「販路開拓・マーケティング」、「資金繰り」、「経営改善」、「事業承継・M＆A」、「創業」では支援機関同士の連携が頻繁に行われているのに対し、「生産設備増強、技術・研究開発」、「人材採用・育成」、「企業再生」、「海外展開」では支援機関同士の連携があまり行われていないことが分かる（第2-3-81図）。

続いて、経営課題別に見た、他機関との連携の成果を確認すると、「事業計画策定」、「資金繰り」、「経営改善」、「創業」においては、他機関との連携が事業者の経営課題の解決に「とてもつながっている」、「ある程度つながっている」と回答した割合の合計が9割超であるのに対し、「生産設備増強、技術・研究開発」では約8割、「人材採用・育成」では約7割、「海外展開」では約6割と、経営課題によって差があることが分かる（第2-3-82図）。

■ 参考文献 ■

『中小企業白書【2023年版】』中小企業庁
『小規模企業白書【2023年版】』中小企業庁
経済産業省ホームページ
財務省ホームページ
総務省ホームページ
中小企業庁ホームページ

3

択一・短答問題攻略編

（1次試験対策）

第1問　中小企業白書 第1-1-6図　企業規模別に見た、売上高の推移

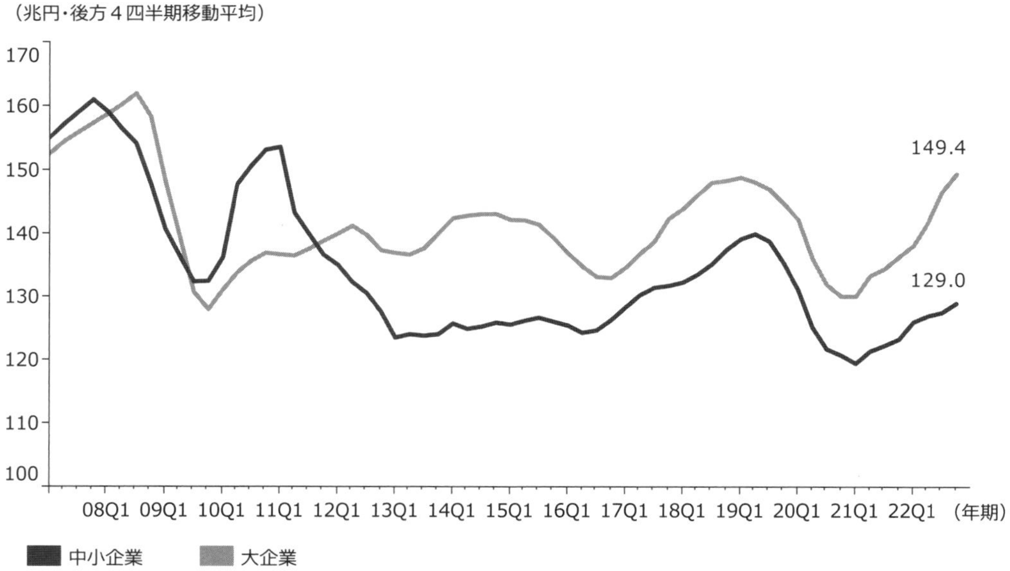

資料：財務省「法人企業統計調査季報」
（注）1.ここでいう大企業とは資本金10億円以上の企業、中小企業とは資本金１千万円以上１億円未満の企業とする。
2.金融業、保険業は含まれていない。

（設問）

図表に関する記述の正誤について、最も適切な組み合わせを、下記の解答群から選べ。

a　中小企業の売上高は、2013年頃から横ばいで推移した後、2016年半ばより増加傾向となっていた。

b　中小企業の売上高は、2019年以降は減少に転じた中で、感染症の影響により更に減少したが、2021年第1四半期を底に2022年第4四半期まで増加傾向で推移している。

［解答群］

ア　a：正　b：正　　イ　a：正　b：誤
ウ　a：誤　b：正　　エ　a：誤　b：誤

解説 ――――《中小企業白書　第１部第１章第２節》

企業規模別に見た、売上高の推移を示した図表である。

中小企業の売上高は、リーマン・ショック後及び2011年の東日本大震災後に大きく落ち込み、2013年頃から横ばいで推移した後、2016年半ばより増加傾向となっていた。2019年以降は減少に転じた中で、感染症の影響により更に減少したが、2021年第1四半期を底に2022年第4四半期まで増加傾向で推移している。

解答　ア

第2問 中小企業白書 第1-1-8図 企業規模別に見た、経常利益の推移

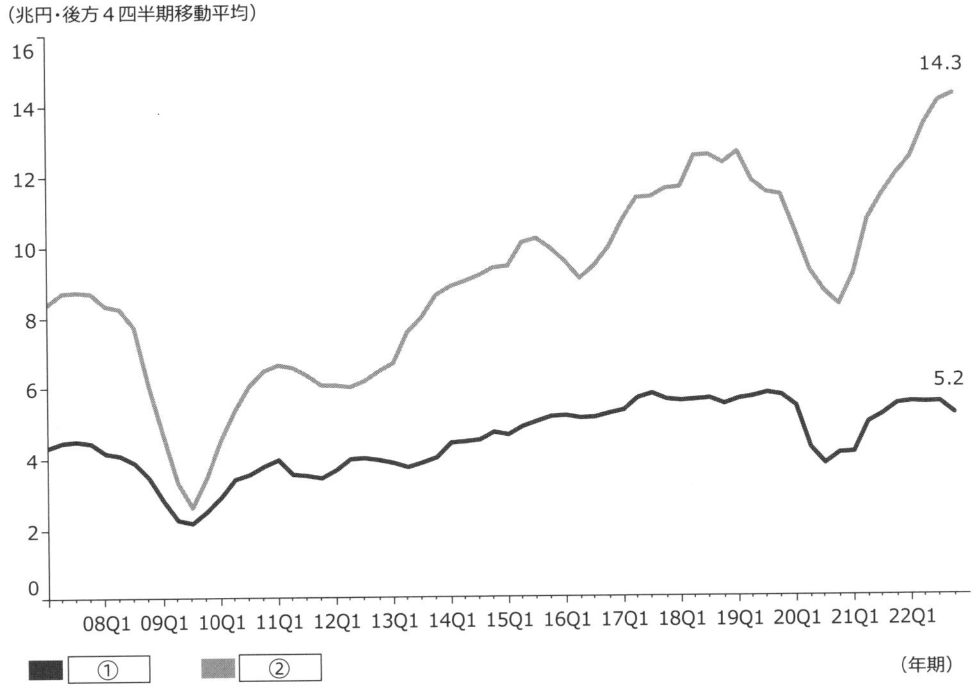

資料：財務省「法人企業統計調査季報」
（注）1.ここでいう大企業とは資本金10億円以上の企業、中小企業とは資本金１千万円以上１億円未満の企業とする。
2.金融業、保険業は含まれていない。

（設問）

図表の①と②に当てはまる最も適切な語句を、下記の語群から選べ。

[語群]

中小企業　　大企業

解説 ――――――――――――――――――――《中小企業白書　第１部第１章第２節》

企業規模別に見た、経常利益の推移を示した図表である。

中小企業の経常利益は売上高同様、リーマン・ショック後に大きく落ち込んだ後は緩やかな回復基調が続いてきたが、2020年に入ると、感染症の影響により減少に転じた。その後は、2020年第３四半期を底に中小企業の経常利益は再び緩やかな増加傾向で推移し、感染症流行前の水準まで回復した。一方で、2022年第１四半期以降は大企業の経常利益が大きく増加しているのに対して、中小企業はおおむね横ばいで推移しており、2022年第４四半期は減少傾向に転じた。

解答 ①中小企業　　②大企業

第3問　中小企業白書 第1-1-9図　企業規模別に見た、設備投資の推移

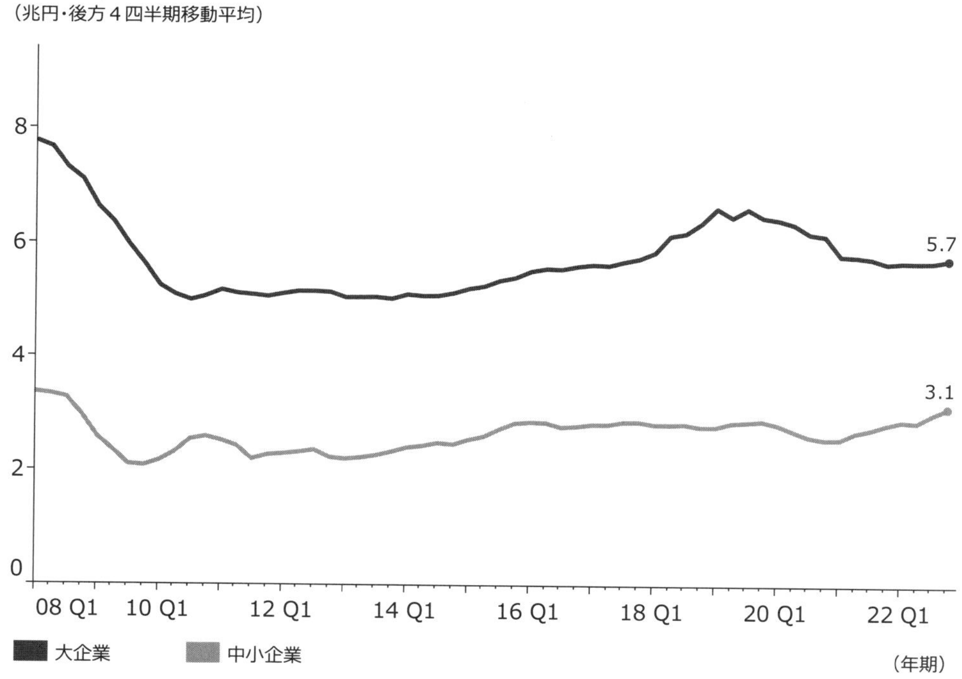

資料：財務省「法人企業統計調査季報」
（注）1.ここでいう大企業とは資本金10億円以上の企業、中小企業とは資本金１千万円以上１億円未満の企業とする。
2.金融業、保険業は含まれていない。
3.設備投資は、ソフトウェアを除く。

（設問）

図表に関する記述の正誤について、最も適切な組み合わせを、下記の解答群から選べ。

a　中小企業の設備投資は、2012年から2016年にかけて緩やかな減少傾向である。

b　中小企業の設備投資は、2021年から緩やかな増加傾向が続いている。

［解答群］

ア　a：正　b：正　　イ　a：正　b：誤

ウ　a：誤　b：正　　エ　a：誤　b：誤

解説　《中小企業白書　第１部第１章第２節》

企業規模別に見た、設備投資の推移を示した図表である。

中小企業の設備投資は、2012年以降は緩やかな増加傾向にあったが、2016年以降はほぼ横ばいで推移してきた。しかし、2021年から緩やかな増加傾向が続いている。

解答　ウ

第4問　中小企業白書 第1-1-13図　今後の設備投資における優先度の推移

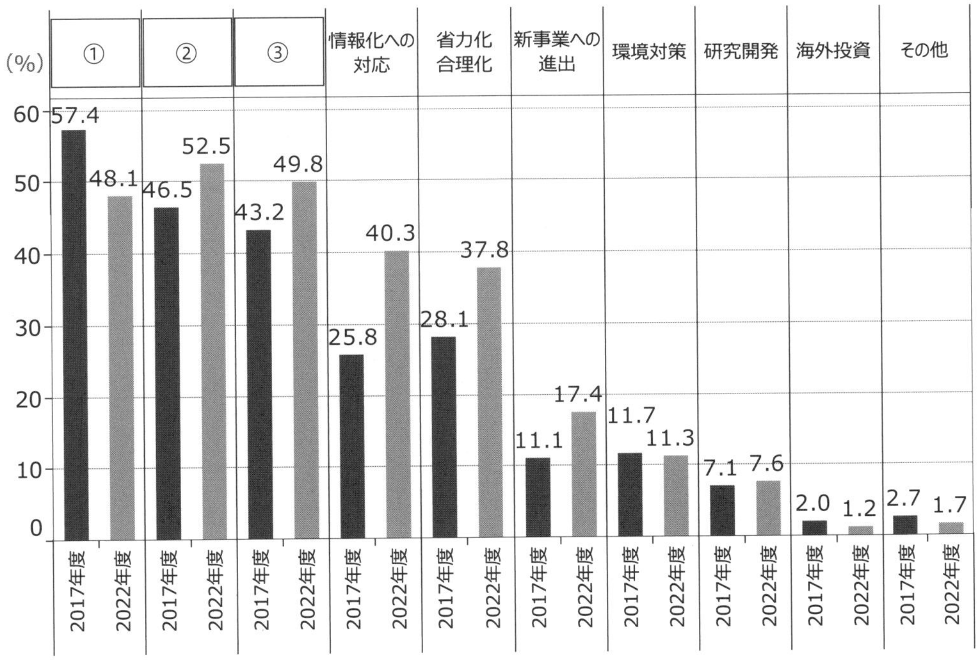

資料：内閣府・財務省「法人企業景気予測調査」
（注）1.データの制約上、2017年度については7～9月、2022年度については10～12月のデータを用いている。
2.各年度における設備投資のスタンスとして、重要度の高い3項目について集計している。
3.複数回答のため、合計は必ずしも100%にはならない。
4.ここでいう中小企業とは資本金1千万円以上1億円未満の企業とする。

（設問）

図表の①～③に当てはまる最も適切な語句を、下記の語群から選べ。

［語群］

生産（販売）能力の拡大　　維持更新　　製（商）品・サービスの質的向上

解説 ―――――――――――――――――――――《中小企業白書　第1部第1章第2節》

2017年度と2022年度における、今後の設備投資における優先度の推移を示した図表である。

中小企業の今後の設備投資における優先度について、2017年度は「維持更新」が最も高かった。一方で、2022年度は「生産（販売）能力の拡大」の優先度が最も高く、次いで「製（商）品・サービスの質的向上」を優先する傾向となっている。

解答　①維持更新　②生産（販売）能力の拡大　③製（商）品・サービスの質的向上

第5問　中小企業白書 第1-1-15図　倒産件数の推移

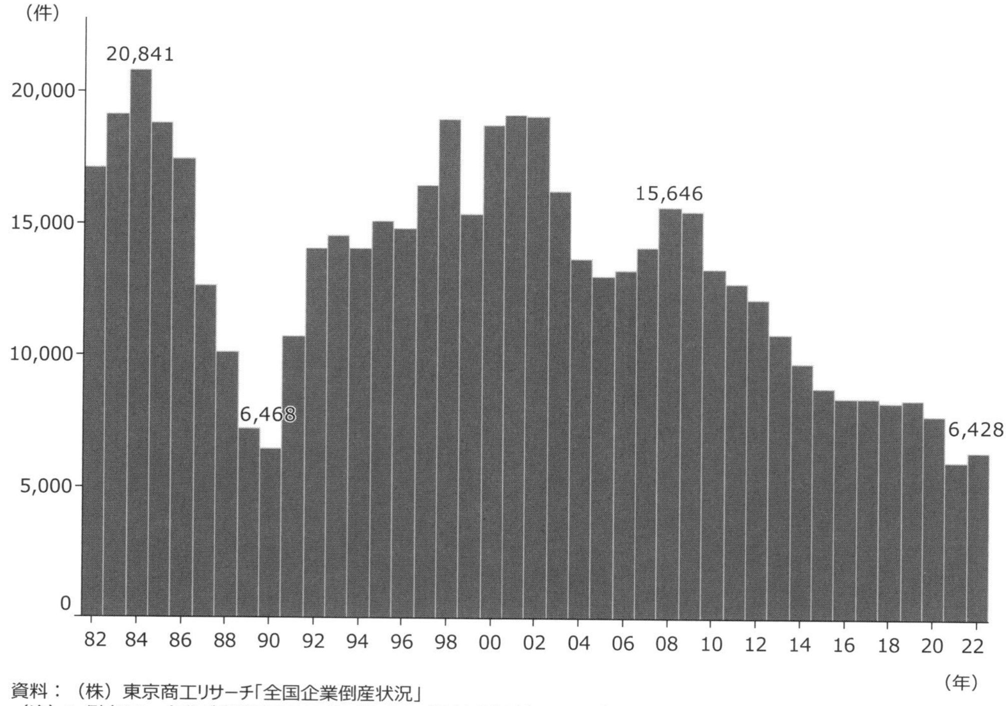

資料：（株）東京商工リサーチ「全国企業倒産状況」
（注）1.倒産とは、企業が債務の支払不能に陥ったり、経済活動を続けることが困難になった状態となること。また、私的整理（取引停止処分、内整理）も倒産に含まれる。
2.負債総額1,000万円以上の倒産が集計対象。

（設問）

図表に関する記述の正誤について、最も適切な組み合わせを、下記の解答群から選べ。

a　2022年の倒産件数は、2021年よりも減少した。

b　倒産件数は、2009年以降、一貫して減少している。

［解答群］

ア　a：正　b：正

イ　a：正　b：誤

ウ　a：誤　b：正

エ　a：誤　b：誤

解説　――――――――――――――――――――――――――《中小企業白書　第1部第1章第2節》

倒産件数の推移を示した図表である。

倒産件数は2009年以降、減少傾向で推移してきた中で、2021年は57年ぶりの低水準となったが、2022年は3年ぶりに前年を上回る6,428件であった。

解答　エ

第6問　中小企業白書 第1-1-18図　休廃業・解散件数の推移

①東京商工リサーチ

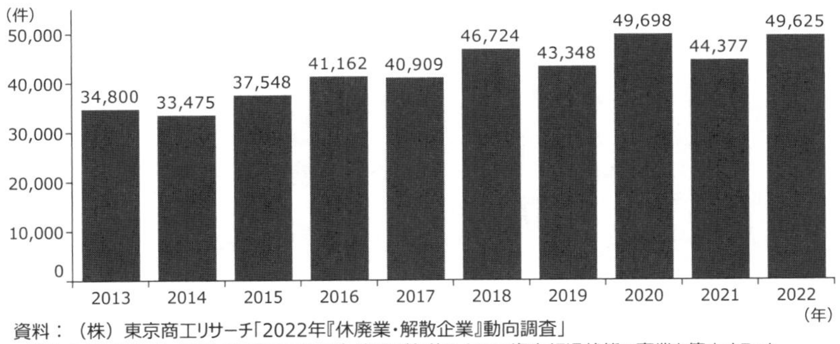

資料：（株）東京商工リサーチ「2022年『休廃業・解散企業』動向調査」
（注）1.休廃業とは、特段の手続きを取らず、資産が負債を上回る資産超過状態で事業を停止すること。
2.解散とは、事業を停止し、企業の法人格を消滅させるために必要な清算手続きに入った状態になること。基本的には、資産超過状態だが、解散後に債務超過状態であることが判明し、倒産として再集計されることもある。

②帝国データバンク

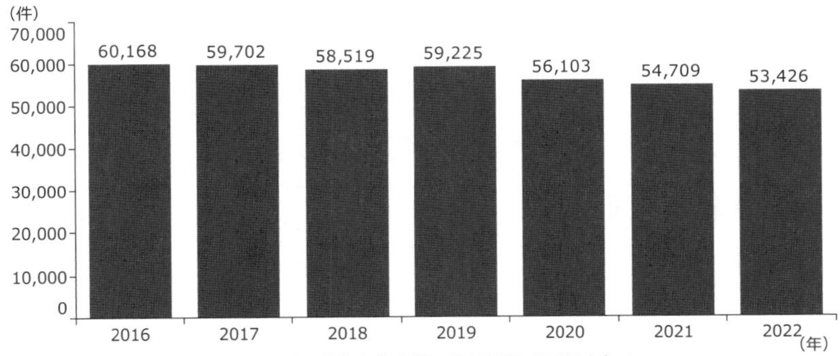

資料：（株）帝国データバンク「全国企業『休廃業・解散』動向調査（2022年）」
（注）休廃業・解散とは、倒産（法的整理）によるものを除き、特段の手続きを取らずに企業活動が停止した状態の確認（休廃業）、もしくは商業登記等で解散（但し「みなし解散」を除く）を確認した企業の総称。

（設問）

図表に関する記述の正誤について、最も適切な組み合わせを、下記の解答群から選べ。

a　①によると、2022年の休廃業・解散件数は、2021年よりも増加した。

b　②によると、休廃業・解散件数は、2020年以降、一貫して減少傾向である。

[解答群]

ア　a：正　b：正　　イ　a：正　b：誤　　ウ　a：誤　b：正　　エ　a：誤　b：誤

解説 ――《中小企業白書　第1部第1章第2節》

休廃業・解散件数の推移を示した図表である。

①東京商工リサーチの「休廃業・解散企業」動向調査によると、2022年の休廃業・解散件数は49,625件で、前年比11.8％増となった。また、②帝国データバンクの全国企業「休廃業・解散」動向調査によると、2022年の休廃業・解散件数は53,426件で、前年比2.3％減となった。

解答　ア

第7問　中小企業白書 第1-1-19図　完全失業率・有効求人倍率の推移

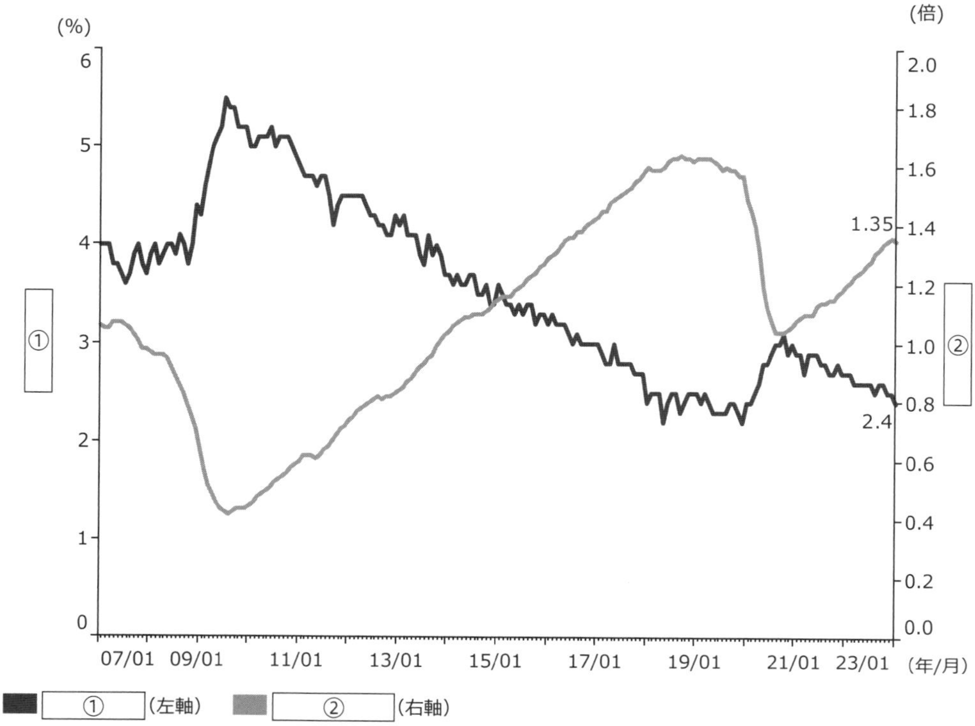

資料：総務省「労働力調査」、厚生労働省「職業安定業務統計」
（注）季節調整値。

(設問)

図表の①と②に当てはまる最も適切な語句を、下記の語群から選べ。

[語群]

完全失業率　　有効求人倍率

解説 ――――――――――――――――――――――《中小企業白書　第１部第１章第３節》

完全失業率と有効求人倍率の推移を示した図表である。

完全失業率は、2009年中頃をピークに長期的に低下傾向で推移してきたが、2020年に入ると上昇傾向に転じ、その後は再び低下傾向で推移している。また、長期的に上昇傾向で推移してきた有効求人倍率も2020年に入り大きく低下したが、再び上昇傾向となっており、雇用情勢は持ち直している。

解答　①完全失業率　　②有効求人倍率

第8問 中小企業白書 第1-1-20図 雇用形態別に見た、雇用者数の推移（前年差）

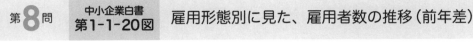

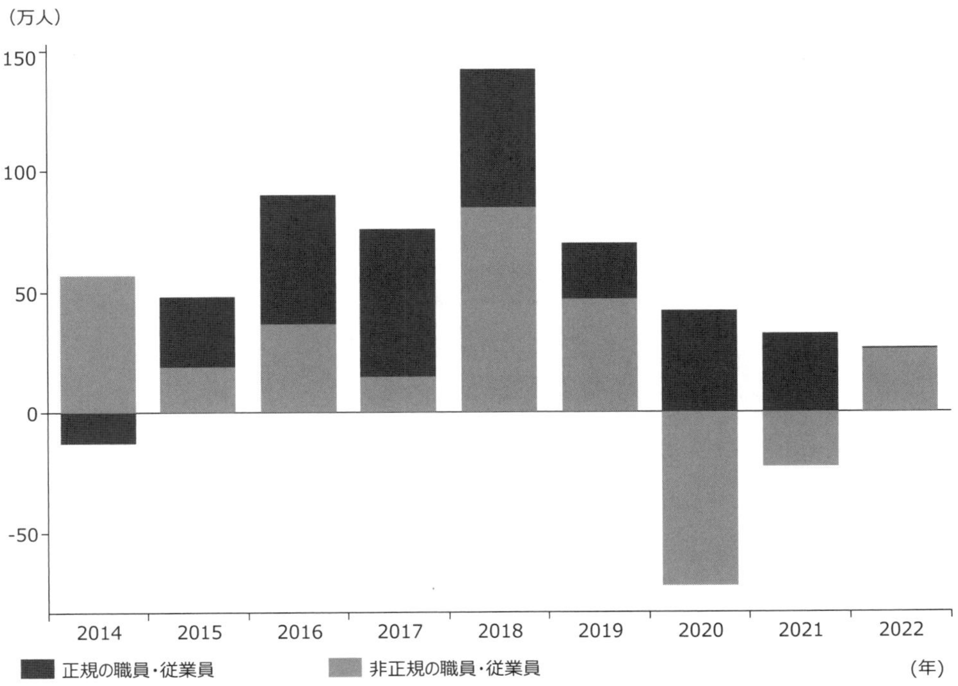

資料：総務省「労働力調査（基本集計）」
（注）1.雇用者のうち役員を除いて集計。
2.2020年国勢調査結果に基づく推計人口をベンチマークとして遡及又は補正した時系列接続用数値を用いている。

（設問）

図表に関する記述の正誤について、最も適切な組み合わせを、下記の解答群から選べ。

a 「正規の職員・従業員」の雇用者数は2015年から毎年前年から増加しているが、2022年においては増加幅が大幅に縮小した。

b 「非正規の職員・従業員」の雇用者数は2020年から毎年前年から減少している。

［解答群］

ア a：正 b：正　　イ a：正 b：誤

ウ a：誤 b：正　　エ a：誤 b：誤

解説 ――――――――――《中小企業白書 第1部第1章第3節》

雇用形態別に見た雇用者数の前年差の推移を示した図表である。

「正規の職員・従業員」の雇用者数は2015年から毎年前年から増加しているが、2022年においては増加幅が大きく縮小している。

「非正規の職員・従業員」の雇用者数は2020年に大きく減少し、2021年も引き続き前年から減少したものの、2022年には増加に転じた。

解答 イ

第9問　中小企業白書 第1-1-26図　人材確保のための方策

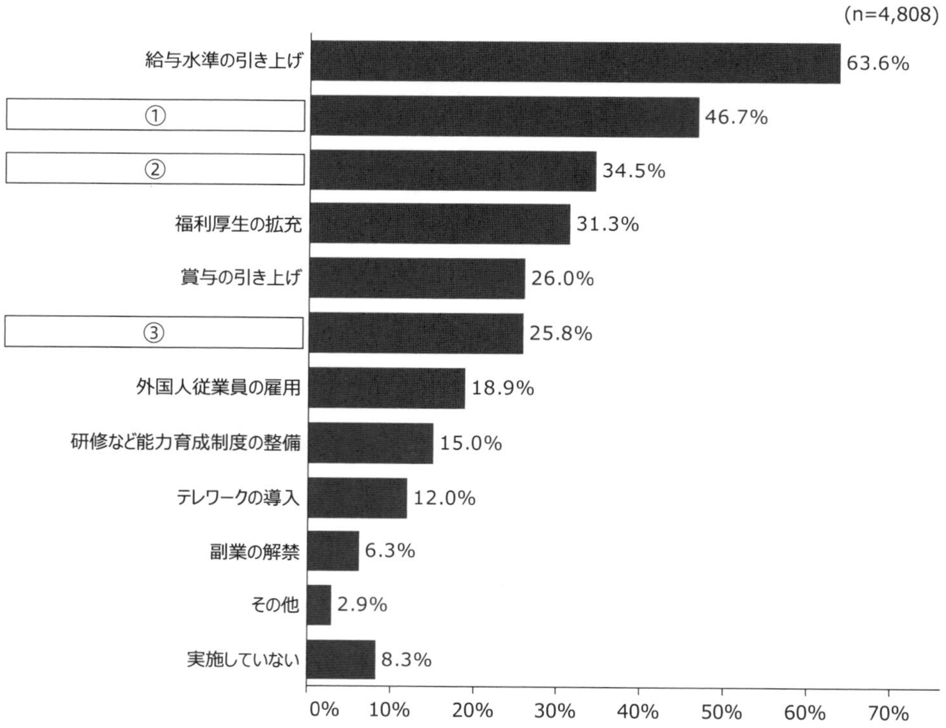

資料：（株）日本政策金融公庫総合研究所「全国中小企業動向調査・中小企業編」（2022年1-3月期付帯調査）
（注） 複数回答のため、合計は必ずしも100%にはならない。

（設問）

図表の①～③に当てはまる最も適切な語句を、下記の語群から選べ。

［語群］

再雇用などシニア人材の活用　　育児・介護などと両立できる制度の整備
長時間労働の是正

解説 ――――《中小企業白書　第1部第1章第3節》

人材確保のための方策を示した図表である。

これを見ると、人材確保のために、「給与水準の引き上げ」や「長時間労働の是正」、「育児・介護などと両立できる制度の整備」、「福利厚生の拡充」を通じた職場環境の改善など、職場の魅力向上に取り組む動きも見られている。また、シニア人材、外国人材といった多様な人材を活用する企業も一定数存在することが分かる。

解答 ①長時間労働の是正　②再雇用などシニア人材の活用
③育児・介護などと両立できる制度の整備

第10問　中小企業白書 第1-1-27図　国内企業物価指数と消費者物価指数の推移

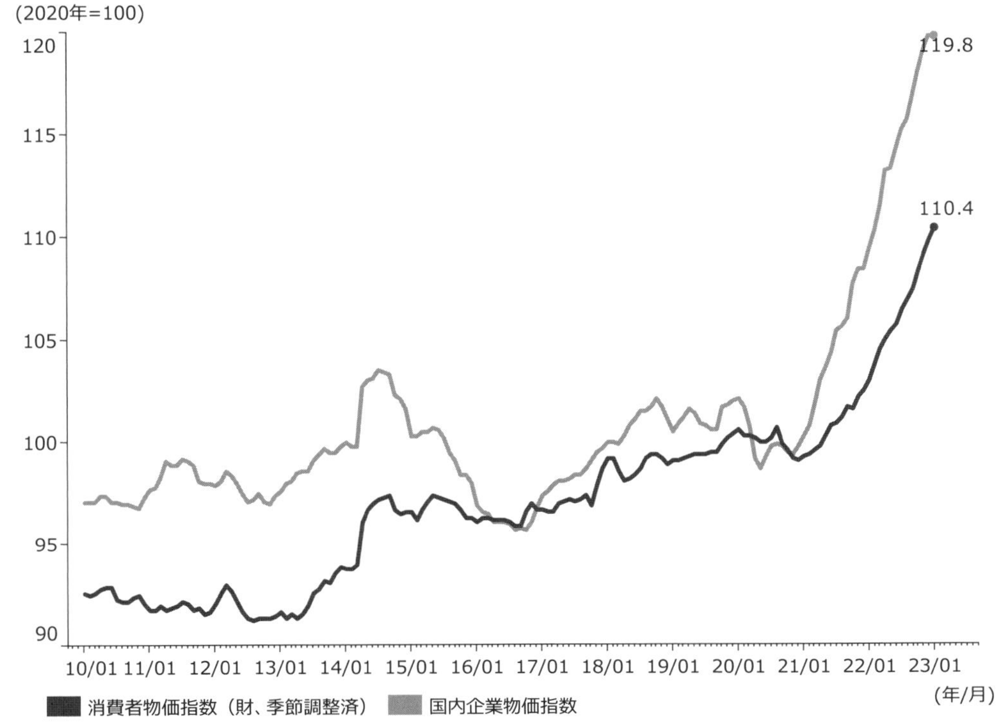

資料：日本銀行「企業物価指数」、総務省「消費者物価指数」（2023年２月時点）

(設問)

図表に関する記述の正誤について、最も適切な組み合わせを、下記の解答群から選べ。

a　国内企業物価指数は2020年12月から、消費者物価指数は2021年1月から上昇に転じた。

b　2021年以降において、消費者物価指数が国内企業物価指数の変化を上回って急激に上昇している。

[解答群]

ア　a：正　b：正　　イ　a：正　b：誤
ウ　a：誤　b：正　　エ　a：誤　b：誤

解説　――《中小企業白書　第１部第１章第４節》

国内企業物価指数及び消費者物価指数の動向を示した図表である。

国内企業物価指数は 2020年12月から、消費者物価指数は2021年1月から上昇に転じた。また、足下のそれぞれの物価指数の推移を見ると、国内企業物価指数が消費者物価指数の変化を上回って急激に上昇していることが分かる。　**解答**　イ

択一・短答問題

第11問　中小企業白書 第1-1-32図　原油高・原材料高・ウクライナ危機・円安などの影響の長期化への対応

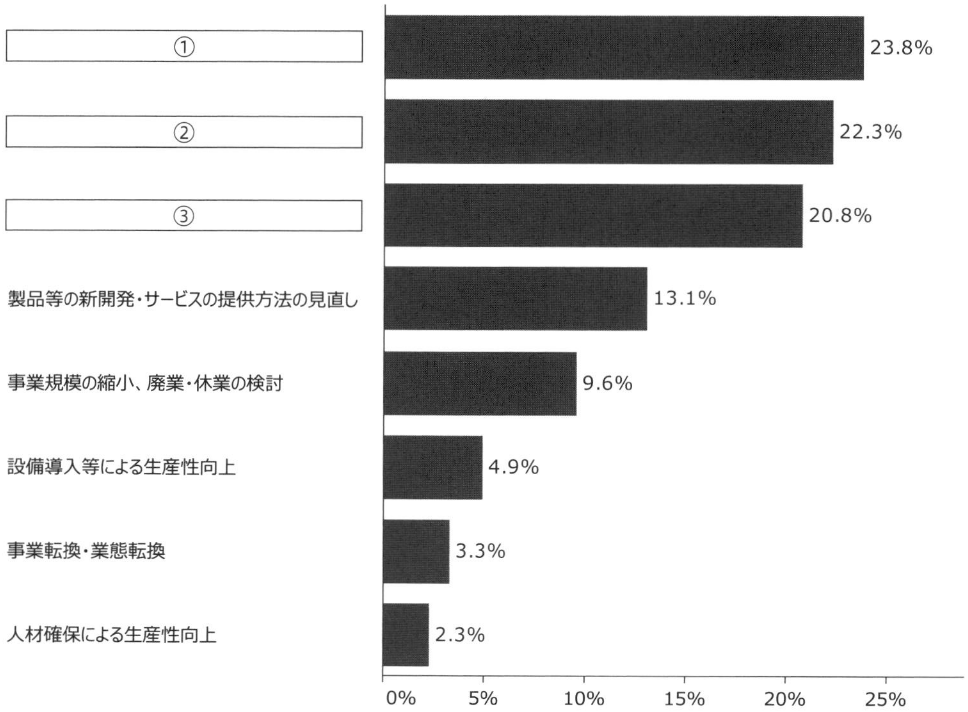

資料：全国商工会連合会「原油及び原材料高騰によるコスト増が及ぼす経営への影響調査」（2022年４～５月）
（注）1.本調査全体における回答数(n)は、612となっている。
2.複数回答のため、合計は必ずしも100%にはならない。

（設問）

図表の①～③に当てはまる最も適切な語句を、下記の語群から選べ。

[語群]

業務効率改善による収益力向上　　既存製品、サービスの値上げ
人件費以外の経費削減

解説 ――《中小企業白書　第１部第１章第４節》

原油高・原材料高・ウクライナ危機・円安などの影響の長期化への対応を示した図表である。

物価高騰に対する対応として、「既存製品、サービスの値上げ」だけでなく、「人件費以外の経費削減」や「業務効率改善による収益力向上」等に取り組んでいる企業が一定数見られることが分かる。

解答　①既存製品、サービスの値上げ　②人件費以外の経費削減
③業務効率改善による収益力向上

第12問　中小企業白書 第1-1-36図　世界的な原材料不足によるサプライチェーンへの影響

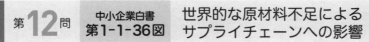

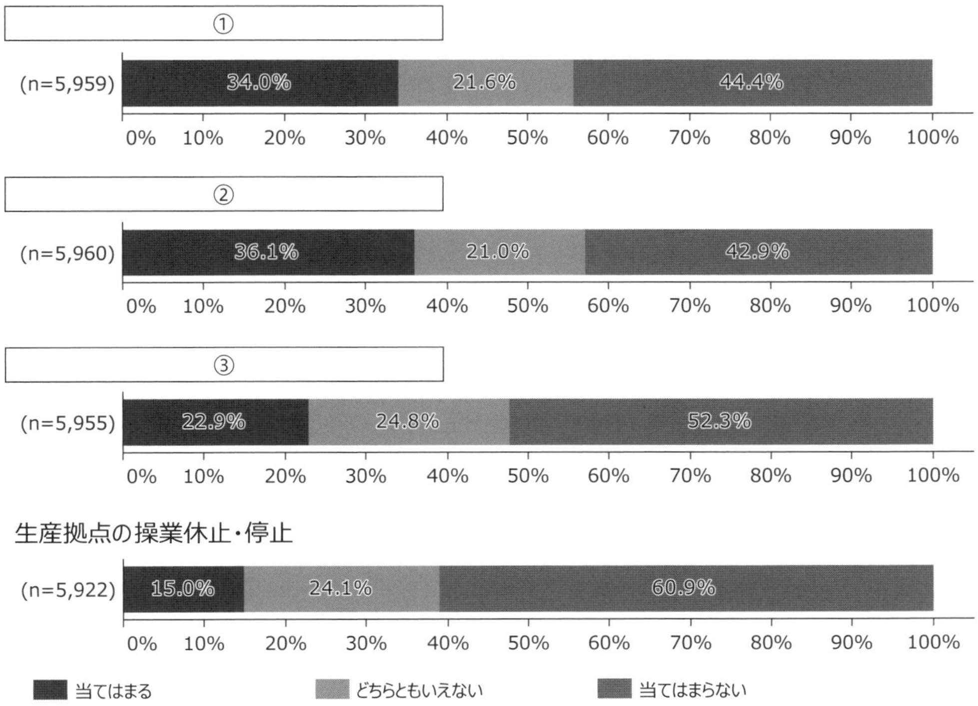

資料：（株）東京商工リサーチ「中小企業が直面する経営課題に関するアンケート調査」
（注）現在（2022年）時点のものを集計している。

（設問）

図表の①〜③に当てはまる最も適切な語句を、下記の語群から選べ。

［語群］

海外からの原材料・部品供給の遅れ・混乱

生産・製造量の減産や遅れ・混乱

国内の配送・物流の遅れ・混乱

解説 ――――――――――――――――――《中小企業白書　第1部第1章第5節》

世界的な原材料不足によるサプライチェーンへの影響を示した図表である。

「海外からの原材料・部品供給の遅れ・混乱」、「生産・製造量の減産や遅れ・混乱」が、そのほかの内容と比べて大きな影響として挙げられていることが分かる。

解答　①海外からの原材料・部品供給の遅れ・混乱
②生産・製造量の減産や遅れ・混乱
③国内の配送・物流の遅れ・混乱

第13問　中小企業白書 第1-2-9図　取引上の地位別に見た、カーボンニュートラルの取組状況

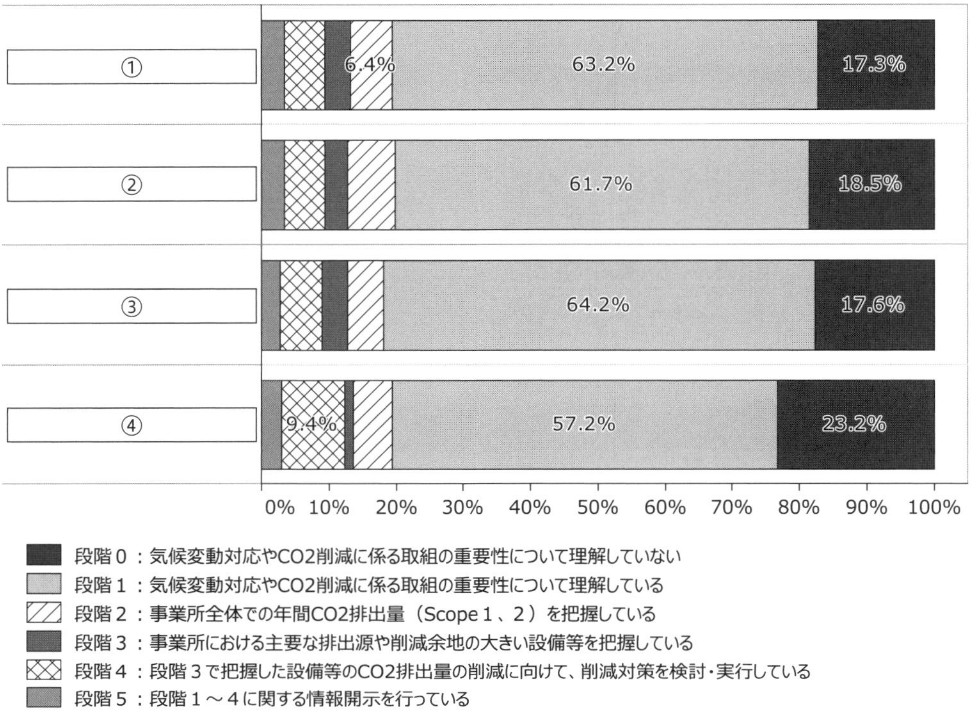

資料：（株）東京商工リサーチ「中小企業が直面する経営課題に関するアンケート調査」
（注）1.カーボンニュートラルの取組状況は、2022年（現在）時点の取組状況を集計したもの。
2.取引上の地位（サプライチェーン上の立ち位置）について、「当てはまるものはない」を除いて集計している。

（設問）

図表の①～④に当てはまる最も適切な語句の組み合わせを、下記の解答群から選べ。

［解答群］

ア　①二次下請　②一次下請　③三次下請以下　④完成品メーカー
イ　①完成品メーカー　②二次下請　③一次下請　④三次下請以下
ウ　①一次下請　②完成品メーカー　③三次下請以下　④二次下請
エ　①完成品メーカー　②一次下請　③二次下請　④三次下請以下

解説 ―――《中小企業白書　第１部第２章第２節》

取引上の地位別に見た、カーボンニュートラルの取組状況を示した図表である。

取引上の地位で三次下請以下の企業では、カーボンニュートラルの取組の重要性がそもそも理解されていない傾向があることが分かる。

解答　エ

第14問　中小企業白書 第1-2-10図　取引先からの温室効果ガスの把握、カーボンニュートラルに向けた協力要請状況

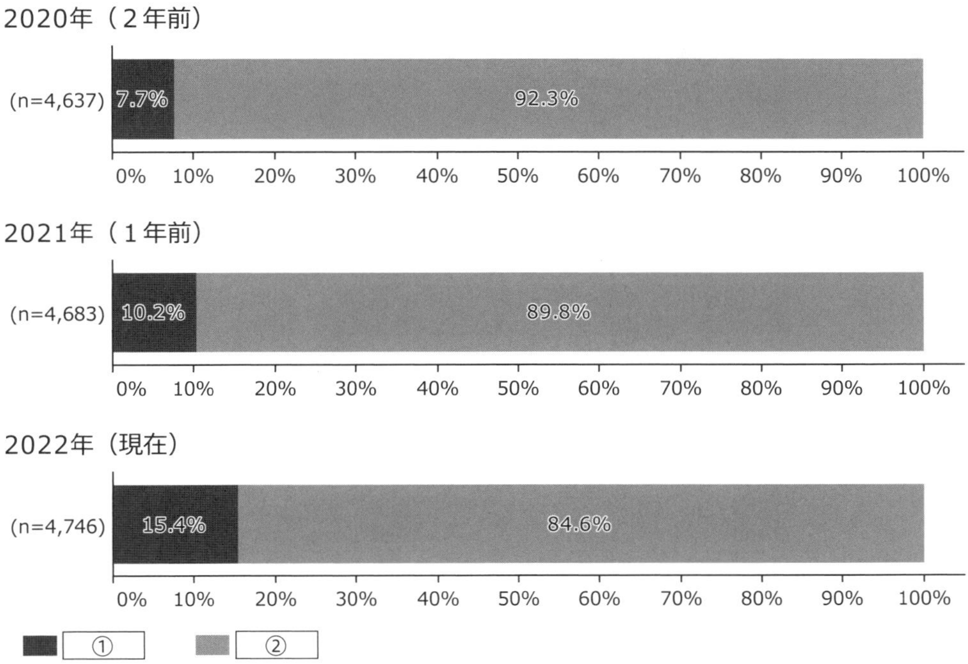

資料：（株）東京商工リサーチ「中小企業が直面する経営課題に関するアンケート調査」
（注）取引先からの温室効果ガスの排出量把握、カーボンニュートラルに向けた協力要請について「分からない」を除いて集計している。

(設問)

図表の①と②に当てはまる最も適切な語句を、下記の語群から選べ。

[語群]

あった　　なかった

解説 ――《中小企業白書　第1部第2章第2節》

2020年から2022年における、取引先からの温室効果ガスの把握、カーボンニュートラルに向けた協力要請状況を示した図表である。

これを見ると、温室効果ガスの排出量把握、カーボンニュートラルに向けた協力要請が「あった」と回答する割合が、年々上昇していることが分かる。

解答　①あった　　②なかった

第15問　中小企業白書 第1-3-4図　各コストの変動に対する価格転嫁の状況

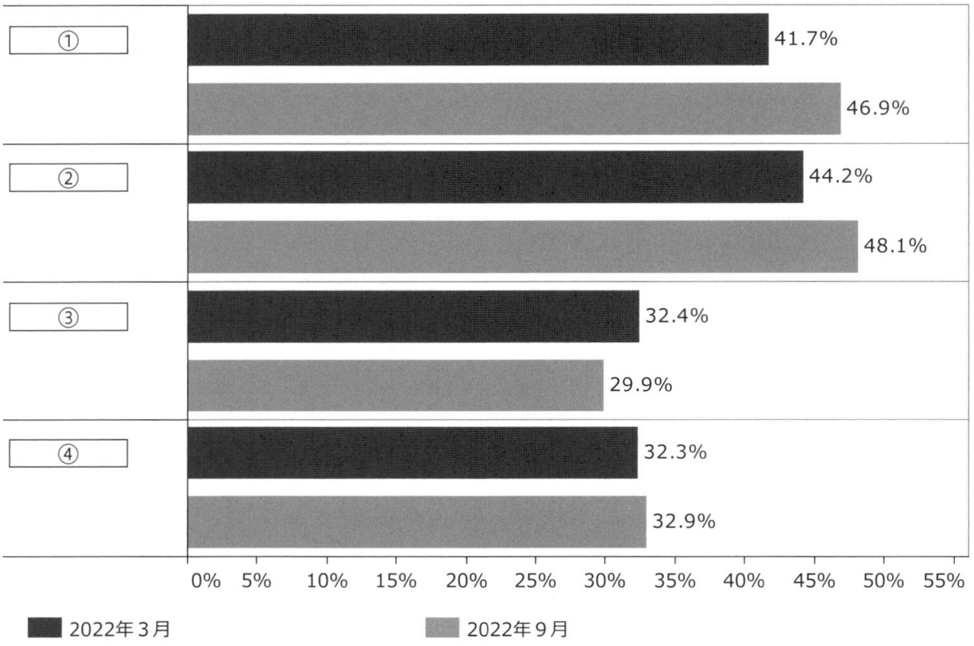

資料：中小企業庁「価格交渉促進月間フォローアップ調査」
（注）1.2022年３月、９月の調査における、価格転嫁率の平均値を算出したもの。
2.回答数(n)は以下の通り。2022年３月⊠ n=25,575、2022年９月⊠ n=17,848。
3.主要な発注側企業（最大３社）との間で、直近６か月のコスト上昇分のうち、何割を価格転嫁できたかの回答について、発注側の企業ごとに名寄せ・単純平均したもの。

（設問）

図表の①～④に当てはまる最も適切な語句の組み合わせを、下記の解答群から選べ。

[解答群]

ア	①全体コスト	②労務費	③原材料費	④エネルギー価格
イ	①全体コスト	②原材料費	③エネルギー価格	④労務費
ウ	①エネルギー価格	②原材料費	③労務費	④全体コスト
エ	①労務費	②エネルギー価格	③原材料費	④全体コスト

解説 ――――――――――――――――――――――《中小企業白書　第１部第３章第１節》

2022年3月、及び9月の各コストにおける価格転嫁率の推移を示した図表である。

これを見ると、2022年における価格転嫁率（仕入価格の上昇分を販売価格に転嫁できている割合）の状況は、全体コストについては改善しつつあり、中でも原材料費の転嫁率については向上している。一方で、労務費については上昇幅が非常に小さく、エネルギー価格については転嫁率が減少していることが分かる。

解答　イ

第16問　中小企業白書 第1-3-9図　業種別に見た、所定内給与額の推移（中小企業・常用労働者）

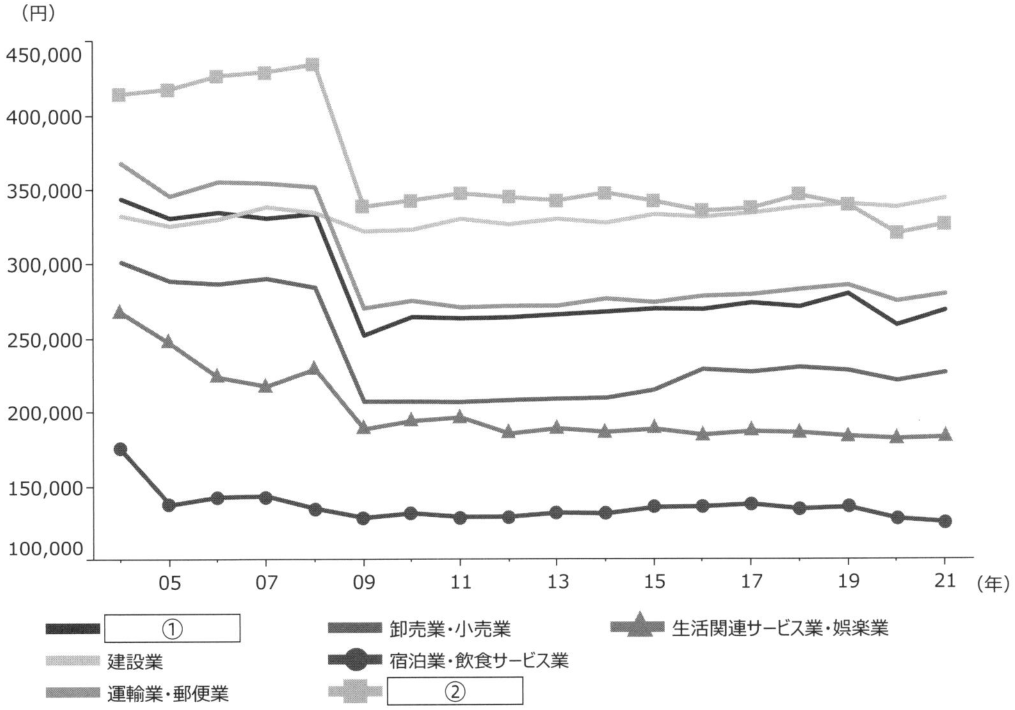

資料：厚生労働省「賃金構造基本統計調査」再編加工
（注）中小企業基本法第２条の規定に基づき、業種別の従業員数の定義に基づく中小企業について集計している。

（設問）

図表の①と②に当てはまる最も適切な語句を、下記の語群から選べ。

[語群]

製造業　　情報通信業

解説 ――《中小企業白書　第１部第３章第２節》

中小企業において、業種別に常用労働者の所定内給与額の推移を示した図表である。

中小企業においては、大企業と同様に、リーマン・ショック以降に多くの業種において所定内給与額が減少した後、直近10年において所定内給与額は大きく変動していない。また、感染症流行後においては、一時的に落ち込んだ製造業や情報通信業についても、その後持ち直していることが分かる。

解答　①製造業　　②情報通信業

第17問 中小企業白書 第1-3-15図 企業規模別に見た、従業員一人当たり付加価値額（労働生産性）の推移

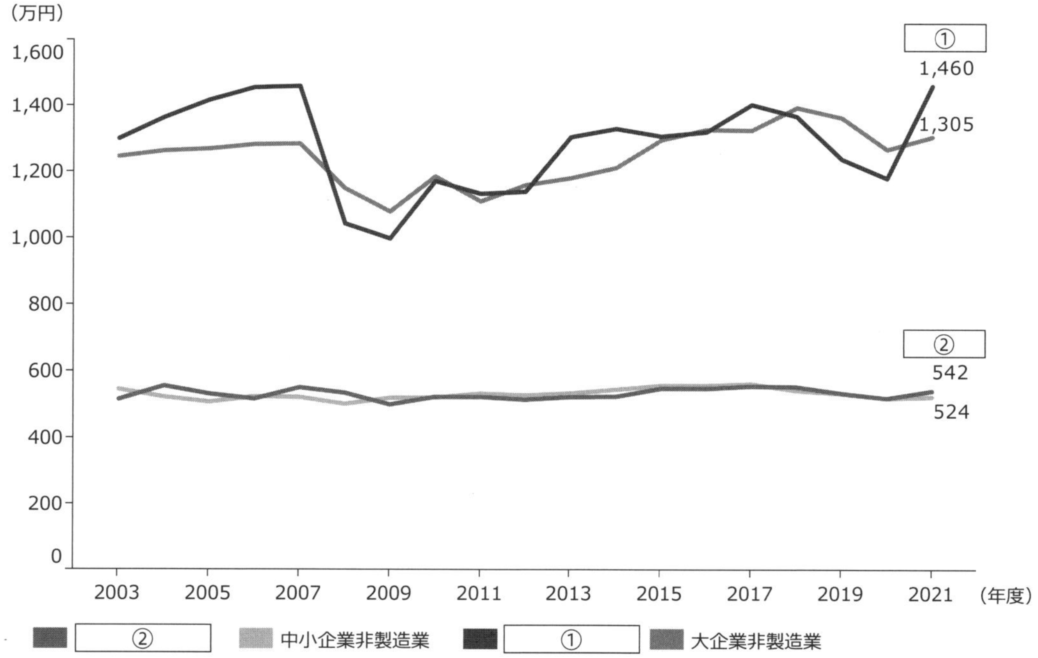

資料：財務省「法人企業統計調査年報」
（注）1.ここでいう大企業とは資本金10億円以上、中小企業とは資本金１億円未満の企業とする。
2.平成18年度調査以前は付加価値額＝営業純益（営業利益－支払利息等）＋役員給与＋従業員給与＋福利厚生費＋支払利息等＋動産・不動産賃借料＋租税公課とし、平成19年度調査以降はこれに役員賞与、及び従業員賞与を加えたものとする。

（設問）

図表の①と②に当てはまる最も適切な語句を、下記の語群から選べ。

［語群］

中小企業製造業　　大企業製造業

解説 ――――《中小企業白書　第１部第３章第３節》

企業規模別に、2021年度までの一人当たり付加価値額（労働生産性）の推移を示した図表である。

大企業製造業においては、2021年度において大きく労働生産性を向上させている一方、中小企業においては製造業・非製造業共に横ばいの傾向が続いている。

解答　①大企業製造業　　②中小企業製造業

第18問　中小企業白書 第1-3-16図　企業規模別に見た、労働分配率の推移

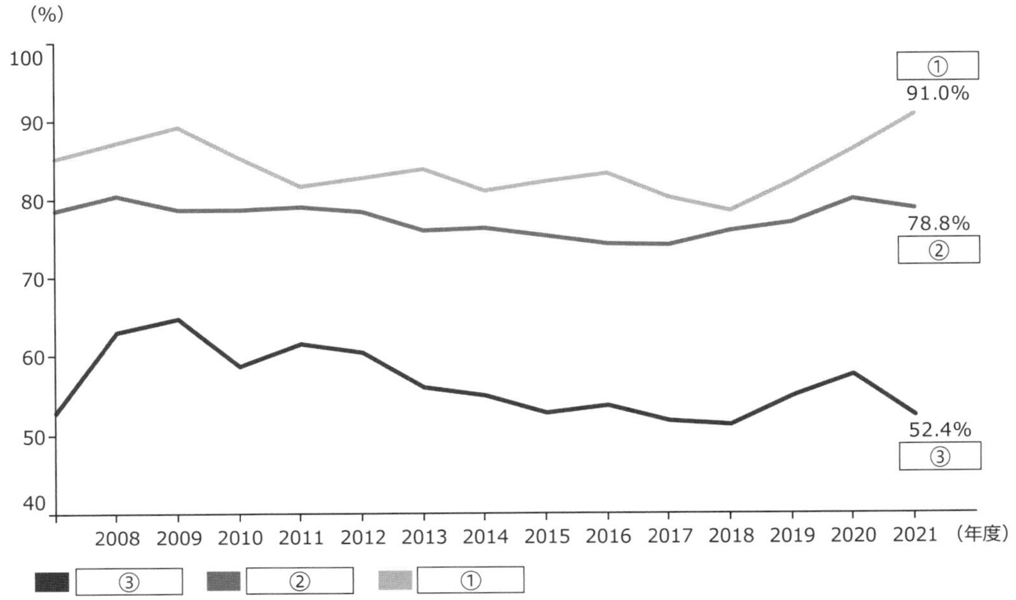

資料：財務省「法人企業統計調査年報」
（注）1.ここでいう大企業とは資本金10億円以上、中規模企業とは資本金１千万円以上１億円未満、小規模企業とは資本金１千万円未満とする。
2.ここでいう労働分配率とは付加価値額に占める人件費とする。
3.付加価値額＝営業純益（営業利益－支払利息等）＋人件費（役員給与＋役員賞与＋従業員給与＋従業員賞与＋福利厚生費）＋支払利息等＋動産・不動産賃借料＋租税公課。
4.金融業、保険業は含まれていない。

(設問)

図表の①～③に当てはまる最も適切な語句を、下記の語群から選べ。

[語群]

大企業　　中規模企業　　小規模企業

解説 ――《中小企業白書　第１部第３章第３節》

労働分配率の推移を示した図表である。

中規模企業、小規模企業においては、大企業と比べて労働分配率が高い傾向が続いている。また、2019年度から2021年度にかけて、小規模企業の労働分配率が上昇し、2020年度から2021年度にかけて、中規模企業、大企業の労働分配率が低下している。

解答　①小規模企業　②中規模企業　③大企業

第19問　中小企業白書 第1-3-18図　企業規模別に見た、一企業当たりの売上高・設備投資額の推移（2009年比の増減率）

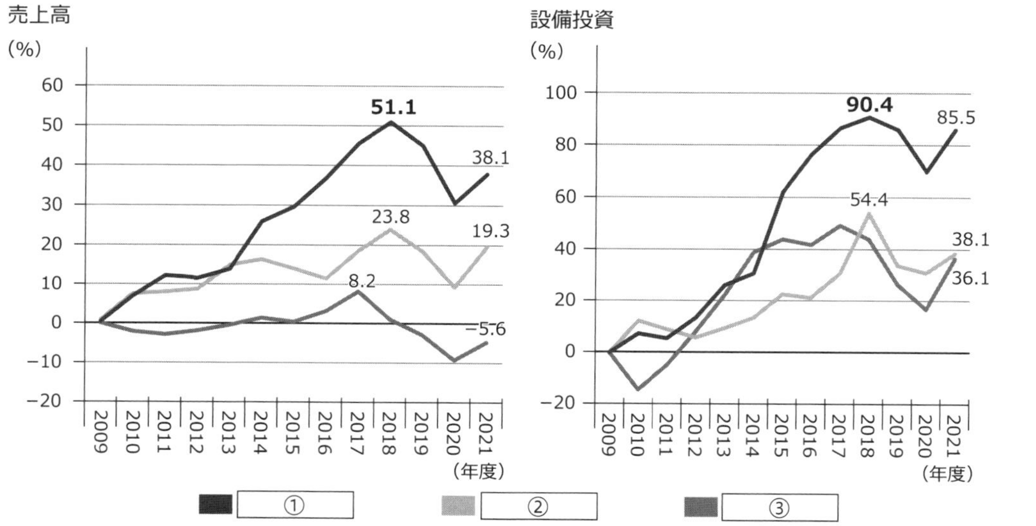

資料：財務省「法人企業統計調査年報」
（注）ここでいう大企業とは資本金10億円以上、中堅企業とは資本金１億円以上10億円未満、中小企業とは資本金１千万円以上１億円未満の企業を指す。

（設問）

図表の①～③に当てはまる最も適切な語句を、下記の語群から選べ。

［語群］

大企業　　中堅企業　　中小企業

解説 ――《中小企業白書　第１部第３章第４節》

一企業当たりの売上高と設備投資額の推移について、2009年比の増減率を企業規模別に示した図表である。

2015年以降連続して、売上高、設備投資額の両指標とも、中堅企業が中小企業、大企業を上回っている。

解答　①中堅企業　　②大企業　　③中小企業

第20問　中小企業白書 第1-4-1図　企業規模別・業種別に見た、研究開発費及び売上高比研究開発費の推移

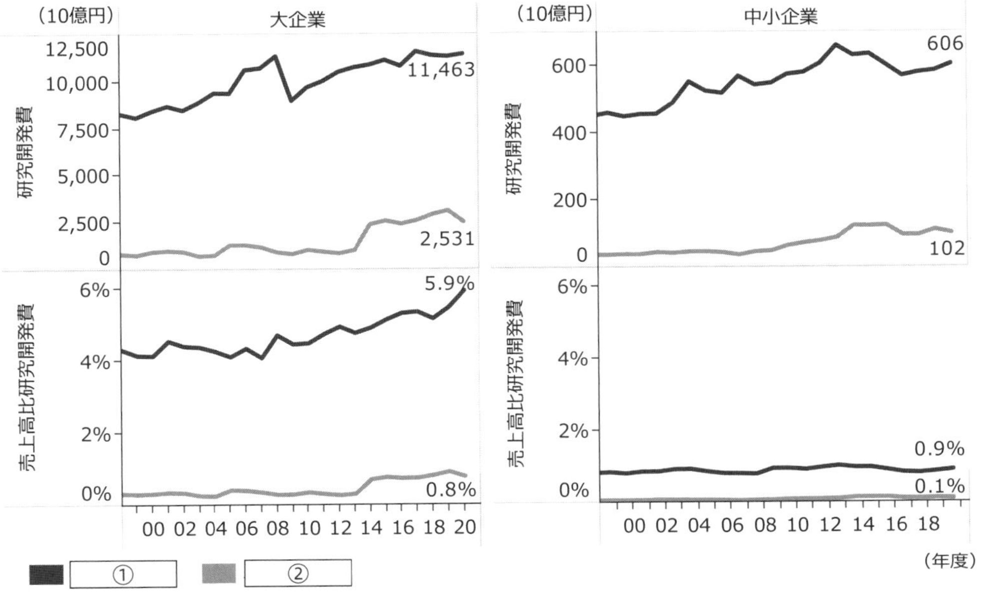

資料：経済産業省「企業活動基本調査」再編加工

(設問)

図表の①と②に当てはまる最も適切な語句を、下記の語群から選べ。

[語群]

製造業　　非製造業

解説 ――――《中小企業白書　第１部第４章第１節》

企業規模別・業種別に、研究開発費及び売上高比研究開発費の推移を示した図表である。

中小企業では製造業において、研究開発費が上昇傾向にある。一方で、売上高比研究開発費については、大企業と比べて、中小企業の製造業・非製造業共に低水準にとどまっている。

解答　①製造業　　②非製造業

第21問　中小企業白書 第1-4-4図　イノベーション活動によって得られた効果

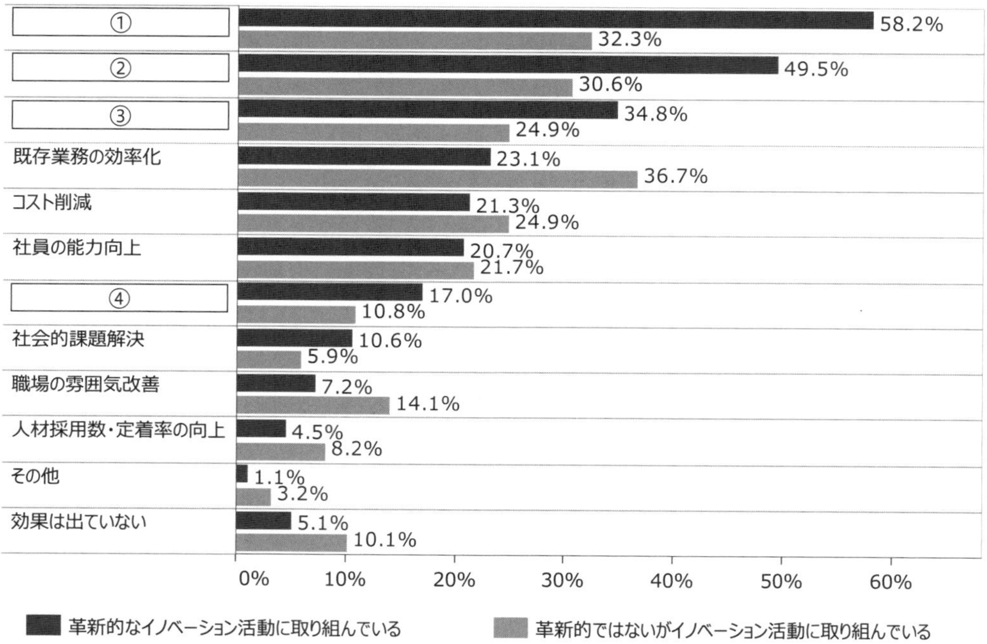

資料：東京商工会議所「中小企業のイノベーション実態調査」（2020年10月）
（注）1.複数回答のため、合計は必ずしも100%とならない。
2.ここでいう「革新的なイノベーション活動に取り組んでいる」企業は、「競合他社が導入していない全く新しい取組を行っている」と回答した企業を指す。
3.有効回答数については以下のとおり。革新的なイノベーション活動に取り組んでいる：n=376、革新的でないがイノベーション活動に取り組んでいる：n=526。

(設問)

図表の①～④に当てはまる最も適切な語句を、下記の語群から選べ。

[語群]

顧客満足度向上　競合との差別化　企業イメージ向上　販路拡大(国内・海外)

解説 ――《中小企業白書　第１部第４章第２節》

イノベーション活動別に、イノベーション活動によって得られた効果を示した図表である。

「革新的なイノベーション活動に取り組んでいる」企業においては、「革新的ではないがイノベーション活動に取り組んでいる」企業と比べて、「競合との差別化」、「販路拡大(国内・海外)」につながると回答する割合が高い。

解答　①競合との差別化　②販路拡大(国内・海外)　③顧客満足度向上　④企業イメージ向上

第22問　中小企業白書 第2-1-75図　企業規模別に見た、直接輸出・直接投資企業割合の推移

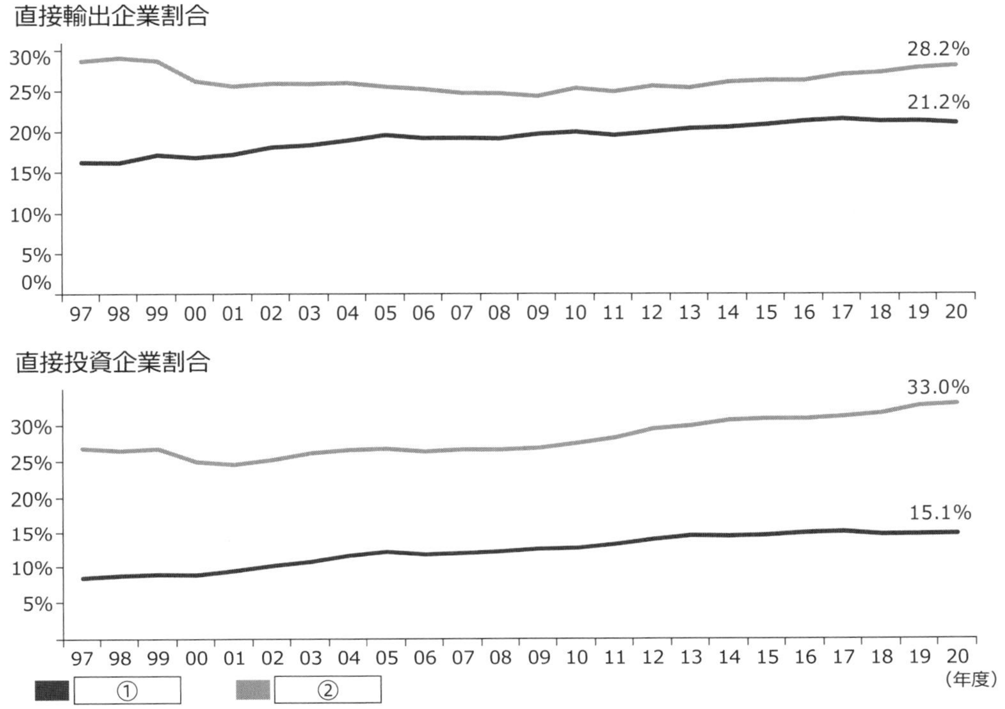

資料：経済産業省「企業活動基本調査」再編加工
（注）ここでいう直接輸出企業とは、直接外国企業との取引を行う企業である。

（設問）

図表の①と②に当てはまる最も適切な語句を、下記の語群から選べ。

［語群］

中小企業　　大企業

解説 ――――――《中小企業白書　第２部第１章第４節》

企業規模別に見た、直接輸出企業割合、海外向けの直接投資企業割合の推移を示した図表である。

大企業と比べると、中小企業の海外展開は引き続き低水準にとどまっていることが分かる。

解答　①中小企業　　②大企業

第23問 中小企業白書 第2-1-79図 輸出実施企業と輸出非実施企業の労働生産性

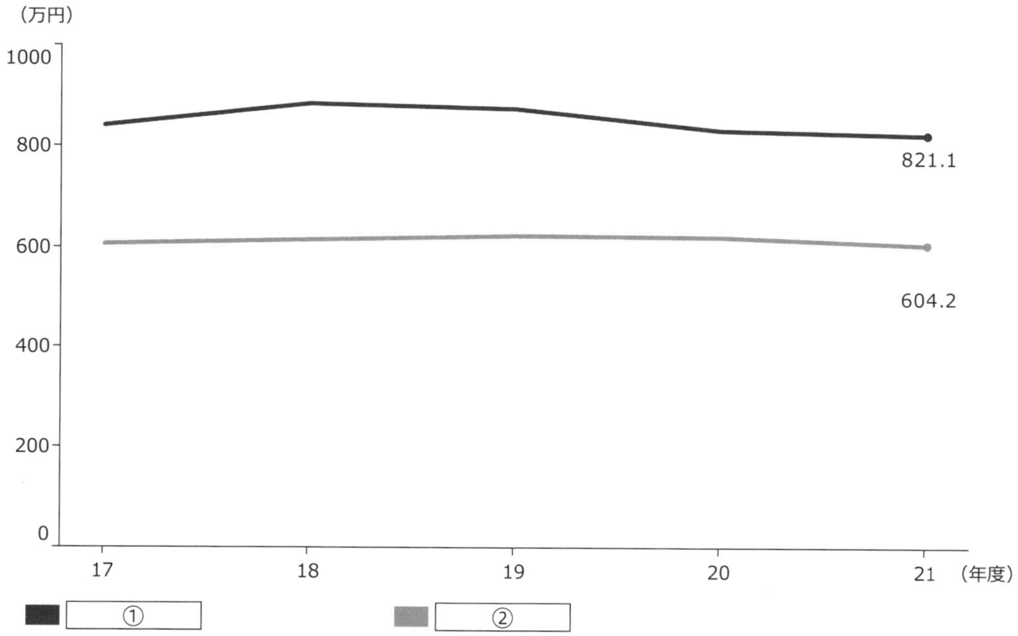

資料：経済産業省「企業活動基本調査」再編加工
（注）1.中小企業基本法の定義に基づく、中小企業のみを対象に集計している。
2.労働生産性＝国内の付加価値額/国内の従業者数で計算している。
3.2017年度から2021年度まで連続して回答している企業を集計している。

(設問)

図表の①と②に当てはまる最も適切な語句を、下記の語群から選べ。

[語群]

輸出実施企業　　輸出非実施企業

解説 ――《中小企業白書　第２部第１章第４節》

輸出実施企業と輸出非実施企業の労働生産性の推移を示した図表である。

輸出実施企業においては、輸出非実施企業と比べて労働生産性の水準に差が見られ、感染症流行を経ても比較的同じ水準の差を維持していることが分かる。

解答 ①輸出実施企業　　②輸出非実施企業

第24問 中小企業白書 第2-2-2図 年代別に見た、中小企業の経営者年齢の分布

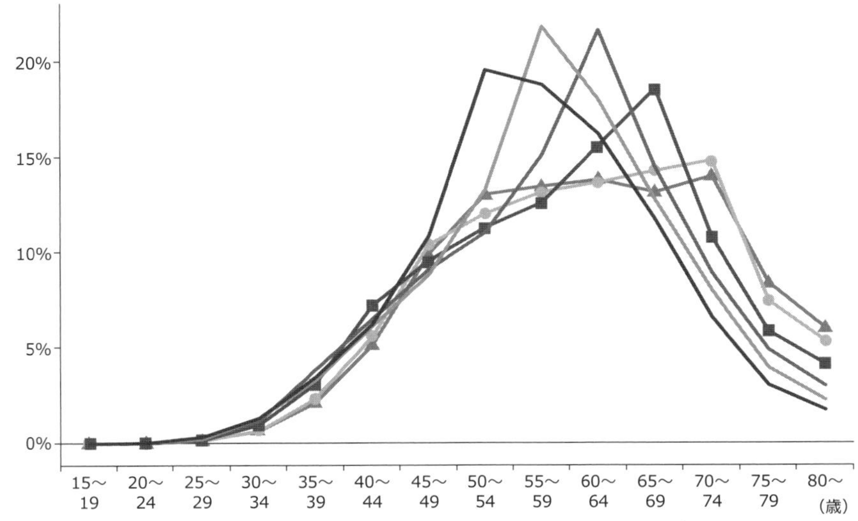

資料：（株）帝国データバンク「企業概要ファイル」再編加工
(注)「2022年」については、2022年11月時点のデータを集計している。

(設問)

図表に関する記述の正誤について、最も適切な組み合わせを、下記の解答群から選べ。

a　2022年も2020年と同様に、経営者年齢の多い層が分散しており、団塊世代の経営者が事業承継や廃業などにより経営者を引退していることが示唆される。

b　75歳以上の経営者の割合が2022年には減少に転じている。

[解答群]

ア　a：正　b：正　　イ　a：正　b：誤

ウ　a：誤　b：正　　エ　a：誤　b：誤

解説 ―《中小企業白書　第2部第2章第1節》

年代別に中小企業の経営者年齢の分布を示した図表である。

2000年に経営者年齢のピーク（最も多い層）が「50～54歳」であったのに対して、2015年には経営者年齢のピークは「65～69歳」となっており、経営者年齢の高齢化が進んできたことが分かる。一方で、2020年を見ると、経営者年齢の多い層が「60～64歳」、「65～69歳」、「70～74歳」に分散しており、2022年も同様の傾向を示している。これまでピークを形成していた団塊世代の経営者が事業承継や廃業などにより経営者を引退していることが示唆される。一方で、75歳以上の経営者の割合は2022年も高まっていることから、経営者年齢の上昇に伴い事業承継を実施した企業と実施していない企業に二極化している様子が見て取れる。

解答　イ

第25問　中小企業白書 第2-2-43図　事業承継・引継ぎ支援センターの相談社数・成約件数の推移

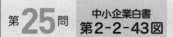

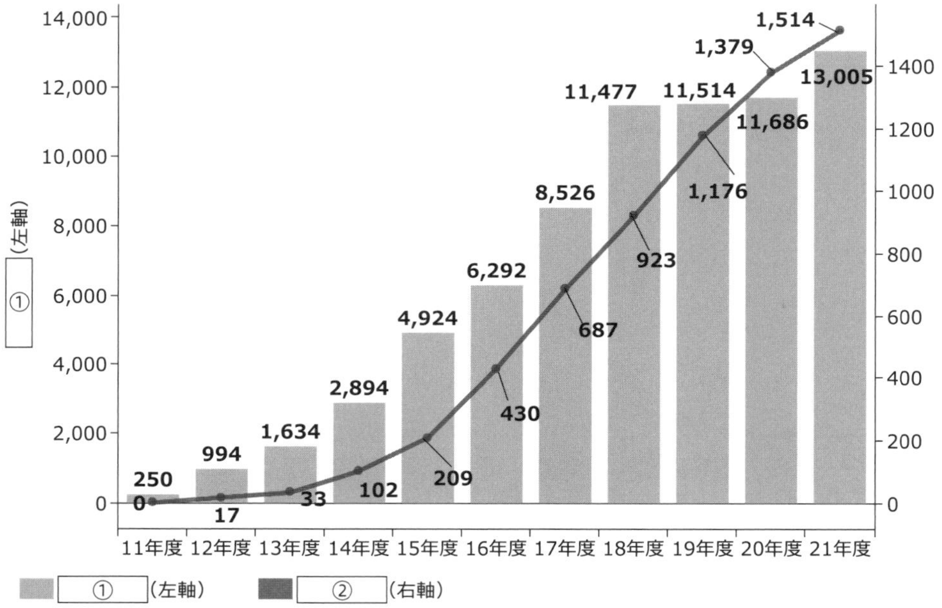

資料：（独）中小企業基盤整備機構調べ
(注)1.事業承継・引継ぎ支援センターは、第三者承継支援を行っていた「事業引継ぎ支援センター」に、親族内承継支援を行っていた「事業承継ネットワーク」の機能を統合し、2021年４月より活動を開始している。そのため、2011年度から2020年度は事業引継ぎ支援センターの件数、2021年度は事業承継・引継ぎ支援センターの件数として集計している。
2.事業引継ぎ支援センターは、2011年度に７か所設置され、2013年度：10か所（累計）、2014年度：16か所（累計）、2015年度：46か所（累計）、2016年度：47か所（累計）となり、2017年度に48か所の体制となった。
3.2011年度から2020年度までの相談社数については、第三者承継のほか、従業員承継等に関する相談も一部含まれている。また、2021年度の相談社数については第三者承継のみの数値を集計している。

(設問)

図表の①と②に当てはまる最も適切な語句を、下記の語群から選べ。

[語群]

成約件数　　相談社数

解説 ――――――――《中小企業白書　第２部第２章第１節》

事業承継・引継ぎ支援センターの相談社数と第三者承継に関する成約件数の推移を示した図表である。

第三者に事業を引き継ぐ意向がある中小企業者と、他社から事業を譲り受けて事業の拡大を目指す中小企業者等からの相談を受け付け、マッチングの支援等を行う支援機関として、事業承継・引継ぎ支援センターが全都道府県に設置されている。

図表からは相談社数・成約件数共に近年増加傾向にあることが分かる。このことから大企業だけでなく、中小企業においてもＭ＆Ａ件数が増加していることが分かる。

解答　①相談社数　　②成約件数

第26問　中小企業白書 第2-2-54図　開業率・廃業率の推移

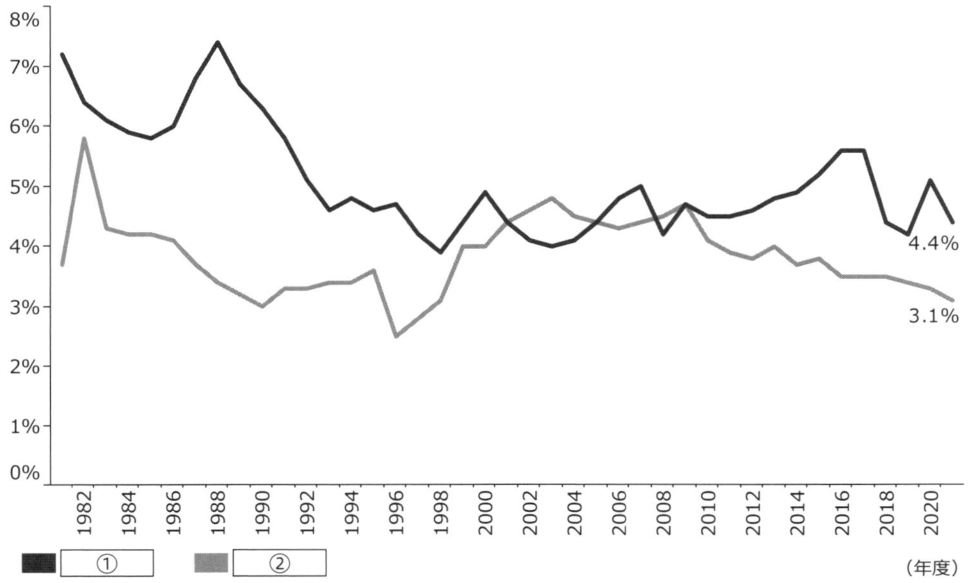

資料：厚生労働省「雇用保険事業年報」のデータを基に中小企業庁が算出
（注）1.開業率は、当該年度に雇用関係が新規に成立した事業所数／前年度末の適用事業所数である。
2.廃業率は、当該年度に雇用関係が消滅した事業所数／前年度末の適用事業所数である。
3.適用事業所とは、雇用保険に係る労働保険の保険関係が成立している事業所数である（雇用保険法第５条）。

(設問)

図表の①と②に当てはまる最も適切な語句を、下記の語群から選べ。

[語群]

廃業率　開業率

解説 ――――――――――――――――《中小企業白書　第２部第２章第２節》

開業率及び廃業率の推移を示した図表である。

開業率は、1988年度をピークとして低下傾向に転じた後、2000年代を通じて緩やかな上昇傾向で推移してきたが、2018年度に再び低下。足下では4.4%となっている。廃業率は、1996年度以降増加傾向で推移していたが、2010年度からは低下傾向で推移している。

解答　①開業率　②廃業率

第27問　中小企業白書 第2-2-57図　企業の社齢別に見た、常用雇用者数の純増数

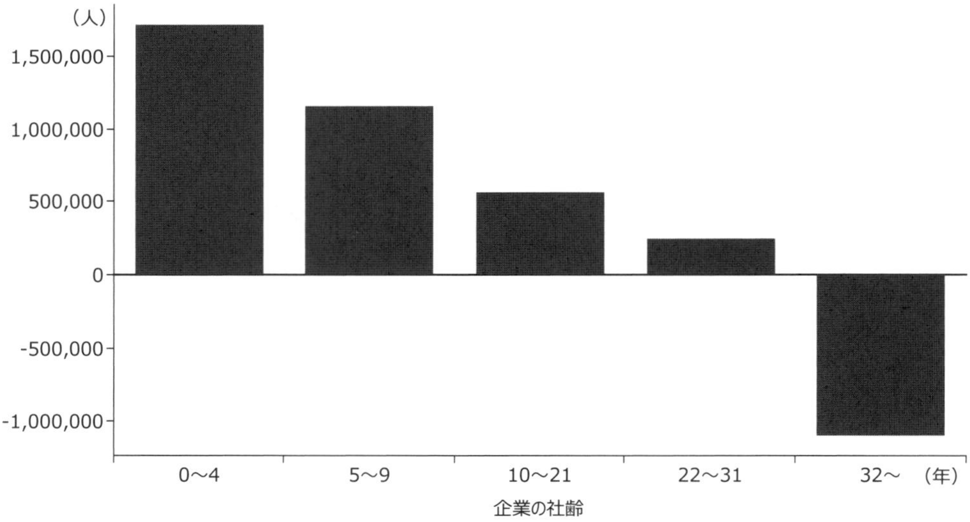

資料：総務省・経済産業省「平成24年、平成28年経済センサス－活動調査」再編加工
（注）1.会社以外の法人及び農林漁業は除いている。
2.事業所が複数ある企業の場合は、事業所開設時期が最も古い値を社齢とし、以降開設した事業所における雇用者数も集計している。
3.経済センサスの事業所開設時期は、「昭和59年以前」、「昭和60～平成6年」、「平成7～平成16年」、「平成17年以降」で調査されている。また、「平成17年以降」については、開設年の数値回答を用いて集計している。
4.社齢が３年以内の企業については、事業所を移転した存続企業による雇用者数の増加が含まれている点に留意する必要がある。
5.社齢が４年の企業については、「平成24年経済センサス－活動調査」で把握できなかった企業の雇用者数が含まれている点に留意する必要がある。

（設問）

図表に関する記述の正誤について、最も適切な組み合わせを、下記の解答群から選べ。

a　企業年齢が若いほど、常用雇用者純増数が大きい。

b　企業年齢が32年以上になると、常用雇用者純増数はマイナスになる。

[解答群]

ア　a：正　b：正
イ　a：正　b：誤
ウ　a：誤　b：正
エ　a：誤　b：誤

解説 ―――《中小企業白書　第2部第2章第2節》

企業の社齢別に、常用雇用者数の純増数を示した図表である。

企業年齢が若いほど、常用雇用者純増数が大きくなっており、多くの雇用を生み出していることが分かる。起業・創業を促していくことの意義は、雇用創出の観点からも大きいと考えられる。

解答　ア

第28問　中小企業白書 第2-2-58図　開廃業率の国際比較

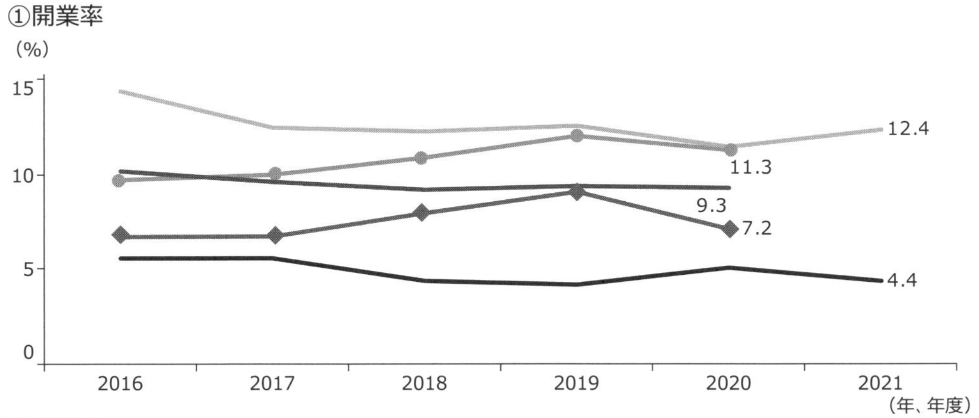

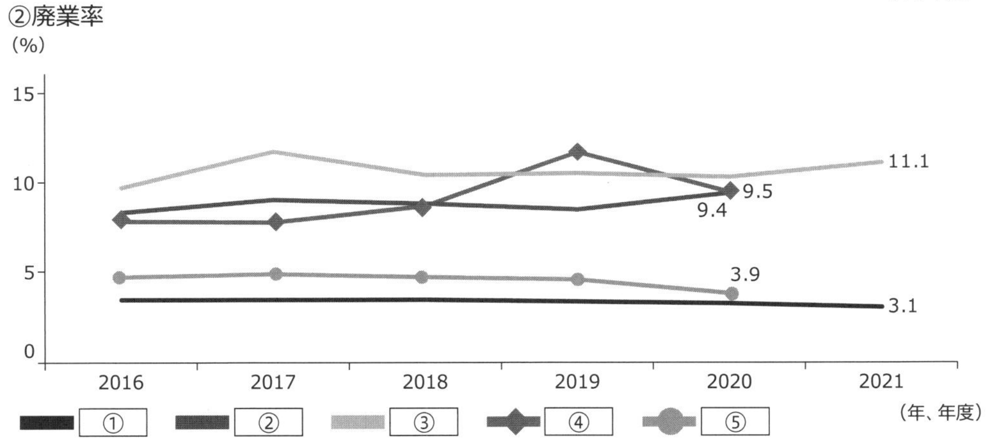

資料：日本：厚生労働省「雇用保険事業年報」のデータを基に中小企業庁が算出、米国：United States Census Bureau「The Business Dynamics Statistics」、英国：英国国家統計局「Business demography」、ドイツ・フランス：Eurostat
（注）国によって統計の性質が異なるため、単純に比較することはできない。

(設問)

図表の①～⑤に当てはまる最も適切な語句を、下記の解答群から選べ。

[解答群]

日本　　ドイツ　　フランス　　英国　　米国

解説 ――――――――――――――――――――《中小企業白書　第2部第2章第2節》

諸外国の開廃業率の推移を比較した図表である。

各国ごとに統計の性質が異なるため、単純な比較はできないものの、国際的に見ると我が国の開廃業率は相当程度低水準であることが分かる。

解答　①日本　②米国　③英国　④ドイツ　⑤フランス

択一・短答問題

第29問 中小企業白書 第2-3-44図 デジタル化に関する支援機関への相談内容

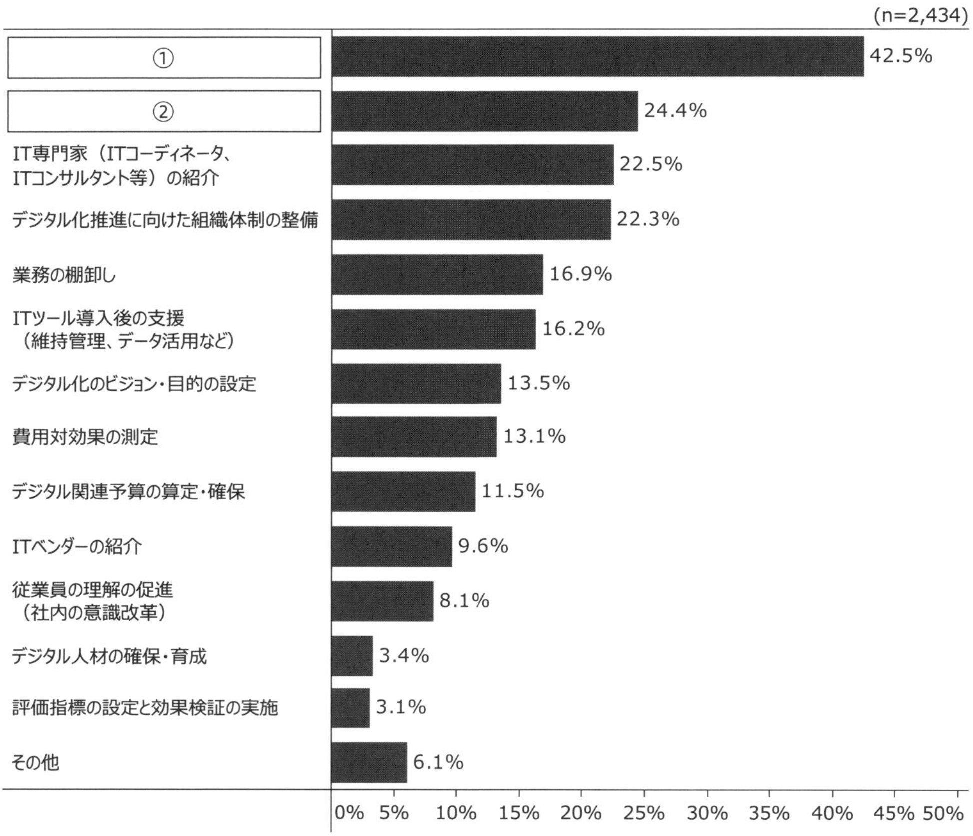

資料：（株）野村総合研究所「地域における中小企業のデジタル化及び社会課題解決に向けた取組等に関する調査」
（注）1.複数回答のため、合計は必ずしも100%にはならない。
2.デジタル化に関して支援機関に「相談したことがある」と回答した者に対して聞いている。

(設問)

図表の①と②に当てはまる最も適切な語句を、下記の語群から選べ。

[語群]

ITツールの選定　　ITツール導入時の支援（導入計画、社員への研修など）

解説 ――――――――――――――――《中小企業白書　第2部第3章第2節》

デジタル化に関して支援機関への相談経験がある企業における相談内容を示した図表である。

これを見ると、「ITツールの選定」が最も多く、「ITツール導入時の支援（導入計画、社員への研修など）」が続いている。

解答 ①ITツールの選定　　②ITツール導入時の支援（導入計画、社員への研修など）

第30問　中小企業白書 第2-3-69図　伴走支援の実施状況別に見た、伴走支援を実施する上での課題

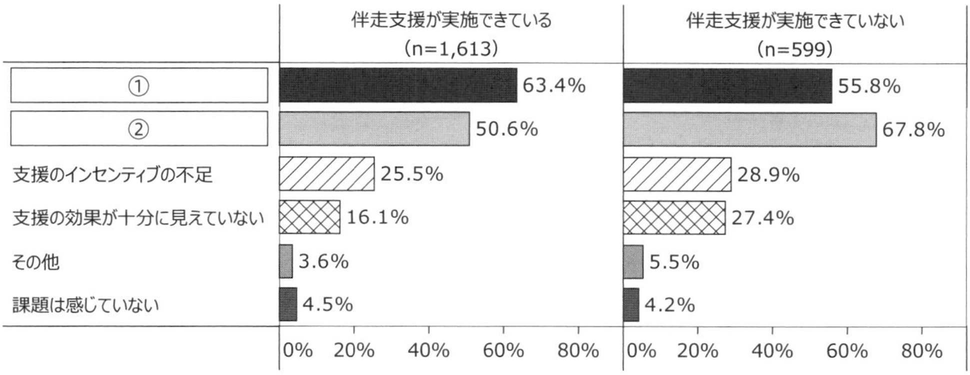

資料：（株）野村総合研究所「中小企業支援機関における支援能力向上に向けた取組等に関するアンケート」
（注）1.「伴走支援が実施できている」は、伴走支援の実施状況について「十分にできている」、「ある程度できている」と回答した者の合計。
2.「伴走支援が実施できていない」は、伴走支援の実施状況について「実施していない」、「あまりできていない」と回答した者の合計。
3.複数回答のため、合計は必ずしも100%にはならない。

（設問）

図表の①と②に当てはまる最も適切な語句を、下記の語群から選べ。

[語群]

支援人員の不足　　支援ノウハウ・知見の不足

解説 ――《中小企業白書　第2部第3章第3節》

伴走支援の実施状況別に見た、支援機関が伴走支援を実施する上での課題を示した図表である。

伴走支援が実施できている支援機関においても、「支援人員の不足」だけでなく、「支援ノウハウ・知見の不足」と回答した割合が高く、伴走支援のノウハウ・知見の蓄積に課題を感じていることが分かる。これについて、伴走支援が実施できていない支援機関においては「支援ノウハウ・知見の不足」と回答した割合が他の課題と比べて最も高くなっており、伴走支援が実施できていない支援機関においては、支援ノウハウ・知見の不足がより大きな課題となっていることがうかがえる。

解答　①支援人員の不足　　②支援ノウハウ・知見の不足

第31問 小規模企業白書 第2-1-30図 商店街の空き店舗数及び空き店舗率の推移

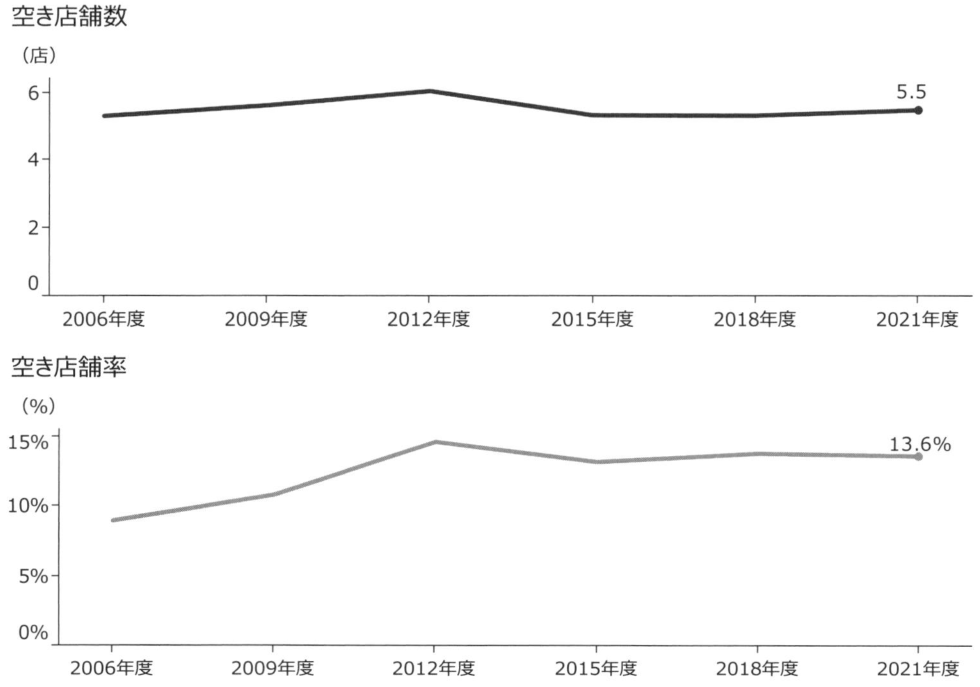

資料：中小企業庁「令和３年度商店街実態調査報告書（概要版）」
（注）本調査でいう「商店街」とは、（１）小売業、サービス業等を営む者の店舗等が主体となって街区を形成し、（２）これらが振興組合、商店会等の法人格の有無およびその種類を問わず、何らかの組織を形成しているものをいう。

（設問）

図表に関する記述の正誤について、最も適切な組み合わせを、下記の解答群から選べ。

a　空き店舗数は感染症拡大前に比べて大きい上昇、下降は見られない。

b　空き店舗率は2006年度から徐々に減少している。

[解答群]

ア　a：正　b：正　　イ　a：正　b：誤

ウ　a：誤　b：正　　エ　a：誤　b：誤

解説 ――《小規模企業白書　第２部第１章第３節》

商店街当たりの空き店舗の平均店舗数及び平均空き店舗率の推移を示した図表である。

これを見ると、2021年度における商店街当たりの平均空き店舗数は5.5店、空き店舗率は13.6％となっており、感染症拡大前に比べて大きい上昇、下降は見られないが、空き店舗率は2006年度から徐々に増加していることが分かる。

解答 イ

第32問　小規模企業白書 第2-1-35図　人口密度区分別に見た、規模別従業者数の構成割合

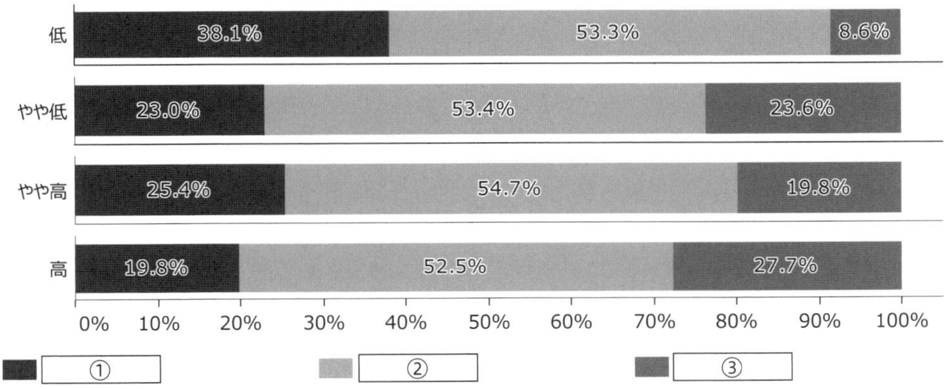

資料：総務省・経済産業省「平成28年経済センサス−活動調査」再編加工
（出所）中小企業庁「小規模企業白書2020年版」
（注）1.事業所単位での集計となっている。
2.ここでいう「小規模事業所」とは、総従業者20人以下（卸売業、小売業、飲食業、サービス業は５人以下）の事業所（一部の政令指定業種を除く）をいう。
3.総従業者300人以下（卸売業、サービス業は100人以下、小売業、飲食業は50人以下）の事業所を「中小事業所」とする（一部の政令指定業種を除く）。ここでいう「中規模事業所」とは、「中小事業所」のうち、「小規模事業所」に当てはまらない事業所をいう。
4.ここでいう「大事業所」とは、「中小事業所」以外の事業所をいう。
5.人口密度区分とは、人口密度の四分位で、各市町村を人口密度が低い地域から順に、「低」、「やや低」、「やや高」、「高」、の四つに分けたもの。

(設問)

図表の①～③に当てはまる最も適切な語句を、下記の語群から選べ。

[語群]

大事業所　　中規模事業所　　小規模事業所

解説 ――《小規模企業白書　第２部第１章第３節》

小規模事業所、中規模事業所、大事業所のそれぞれが占める従業者数の構成割合を、人口密度区分別に示した図表である。

小規模事業所の割合に着目すると、人口密度が低い地域において、構成割合が38.1％となっており、ほかの人口密度「高」、「やや高」、「やや低」の地域と比べて高くなっていることが分かる。このように、人口密度の低い地域において、小規模事業者の存在感は大きくなっており、地域経済の持続的な成長・発展という観点からも、小規模事業者の存在は重要である。

解答　①小規模事業所　②中規模事業所　③大事業所

■ 参考文献 ■

『中小企業白書【2023年版】』中小企業庁
『小規模企業白書【2023年版】』中小企業庁

MEMO

MEMO

■ 編著者紹介 ■

加藤　匠（かとう　たくみ）

㈱経営教育総合研究所主任研究員、中小企業診断士、税理士、中小企業診断士法定研修講師。

公益財団法人埼玉県産業振興公社にて中小企業の産学官連携や研究開発等に対する支援、コンサルティング会社にて事業計画の策定や経営革新計画の承認申請の支援などを経験。現在は、税理士法人にて月次顧問業務、税務申告業務、事業再生業務などを行う傍ら、中小企業診断士試験対策の教材開発や受験指導に携わっている。

荒井　義規（あらい　よしのり）

経営教育総合研究所研究員、中小企業診断士。婦人雑貨を扱う製造小売事業者にて生産管理や法人営業、ブランドMDに従事。現在は全社の戦略人事を担当している。

【中小企業白書　第1部第2章～3章　担当】

中津井　徹（なかつい　とおる）

経営教育総合研究所研究員、中小企業診断士。大手電機メーカーの経理部門に所属し、本社や工場、国内外の子会社にて会計・予算・原価・税務などの経理業務に従事している。

【中小企業白書　第2部第2章　担当】

原田　浩平（はらだ　こうへい）

経営教育総合研究所研究員、中小企業診断士。地域金融機関に勤務する企業内診断士として、取引先中小企業の各種経営支援に取り組んでいる。

【中小企業白書　第2部第3章　担当】

福井　泰介（ふくい　たいすけ）

経営教育総合研究所研究員、中小企業診断士。OA機器販売会社で顧客の生産性向上を支援する業務に従事。業務プロセスの標準化と、ITを活用した業務改善を実践している。

【中小企業白書　第2部第1章　担当】

横山　豊樹（よこやま　あつき）

経営教育総合研究所研究員、中小企業診断士。化学メーカーで国内・海外営業、事業開発の経験を経て、現在は新規顧客開拓を担当している。

【中小企業白書　第1部第4章～5章　担当】

米森　啓貴（よねもり　ひろたか）

経営教育総合研究所研究員、中小企業診断士。企業内診断士としてITベンチャー企業でセールスグループのマネージャーを務める。企業外では、歯科医院の経営支援を中心に従事。

【中小企業白書　第1部第1章　担当】

■ 執筆者紹介 ■

～「株式会社経営教育総合研究所」研究員：執筆チーム

浅田　英彦（あさだ　ひでひこ）

経営教育総合研究所研究員、中小企業診断士登録予定。税理士、1級FP技能士。一般企業の経理・財務部門で有価証券報告書等の開示書類作成及び会計監査対応業務等に従事。現在は、独立開業し、中小企業の月次決算化支援に注力している。

【重要ポイント攻略編　第25問～26問　担当】

池野谷　祐樹（いけのや　ゆうき）

㈱経営教育総合研究所研究員、中小企業診断士、日本証券アナリスト協会 認定アナリスト（CMA）、国際公認投資アナリスト（CIIA）。事業会社において財務業務全般に従事。現在は、人事部にて部門マネジメントを担う。

【択一・短答問題攻略編　第11問～13問　担当】

石澤　知己（いしざわ　ともみ）

経営教育総合研究所研究員、中小企業診断士登録予定。ITベンチャーを起業し18年間経営に従事した後売却、現在は、情報セキュリティ企業で中小企業向けのセキュリティ対策の普及に従事している。

【重要ポイント攻略編　第35問～36問　担当】

稲垣　良吾（いながき　りょうご）

経営教育総合研究所研究員、中小企業診断士。金融機関で法人営業、企画、リスク管理部門等を経験後、現在は取引先の事業コンサルティング・支援業務に従事。

【重要ポイント攻略編　第5問～6問　担当】

一氏　佑子（いちうじ　ゆうこ）

経営教育総合研究所研究員、中小企業診断士。会計事務所にて中小企業の会計や税務業務に従事している。

【択一・短答問題攻略編　第27問～28問　担当】

井上　悟（いのうえ　さとる）

経営教育総合研究所研究員、中小企業診断士。中小製造業向けパッケージソフトウェアベンダーに勤務。また、取引先中小企業に向け販路開拓・新商品開発等の支援や各種補助金申請も行っている。

【択一・短答問題攻略編　第8問～10問　担当】

鉅鹿　充隆（おおが　あつしげ）

経営教育総合研究所研究員、中小企業診断士。エンジニアリング会社にてプロジェクトマネジメントに従事している。

【重要ポイント攻略編　第1問～2問　担当】

奥薗　寛（おくぞの　ひろし）

経営教育総合研究所研究員、中小企業診断士登録予定。エンジニアリング会社にてプロジェクトマネジメントや経営企画業務の経験を経て、現在はシステム会社にて経営企画、営業企画業務に従事。

【重要ポイント攻略編　第9問～10問　担当】

小沢　芳明（おざわ　よしあき）

経営教育総合研究所研究員、中小企業診断士登録予定。私立大学にて、補助金獲得等の研究推進支援の他、産学連携、知財管理及びインキュベーション施設運営等に従事した後、現在、国際連携業務に従事している。

【重要ポイント攻略編　第7問～8問　担当】

尾曽　陽祐（おそ　ようすけ）

経営教育総合研究所研究員、中小企業診断士。大手金融法人の営業部門に所属し、取引先企業の経営改善や最適ソリューション提案等の業務に従事している。

【重要ポイント攻略編　第33問～34問　担当】

岸田　幸宏（きしだ　ゆきひろ）

経営教育総合研究所研究員、中小企業診断士登録予定。大手国際物流企業に勤務。国内外で営業、購買、マネージメント等を経験後、現在は品質管理部門を担当。

【重要ポイント攻略編　第3問～4問　担当】

黒川　恵吾（くろかわ　けいご）

経営教育総合研究所研究員、中小企業診断士登録予定、1級FP技能士。勤務先である地域金融機関では入社以来、営業店にて法人関連業務に従事。

【重要ポイント攻略編　第13問～14問　担当】

櫻野　景子（さくらの　けいこ）

経営教育総合研究所研究員、中小企業診断士。経理アウトソーシング会社にて経理プロセスの標準化、業務改善の支援に従事している。

【択一・短答問題攻略編　第5問～7問　担当】

篠木　知（しのき　とも）

経営教育総合研究所研究員、中小企業診断士登録予定。外資系製薬メーカーに勤務。医療機関に対し医薬品の学術情報提供を行っている。

【重要ポイント攻略編　第17問～18問　担当】

柴田　雄一郎（しばた　ゆういちろう）

経営教育総合研究所研究員、中小企業診断士登録予定。IT企業にて法人向け営業職・営業管理職として勤務。社内業務改善に向けたシステム導入・運用やDXに関する提案活動に従事。

【重要ポイント攻略編　第31問～32問　担当】

渋谷　恭平（しぶや　きょうへい）

経営教育総合研究所研究員、中小企業診断士。医療法人グループにてレセプト作成、各種申請、業務改善と標準化、人材育成に従事。現在は、医療材料・機器の購買や価格交渉、予実管理にあたる。

【択一・短答問題攻略編　第31問～32問　担当】

神野　敦（じんの　あつし）

経営教育総合研究所研究員、中小企業診断士。公的機関にて中小企業の活性化を支援する業務に従事。

【択一・短答問題攻略編　第14問～16問　担当】

栃木　楓（とちぎ　かえで）

経営教育総合研究所研究員、中小企業診断士登録予定。臨床検査薬メーカーに勤務。品質管理部門を経験後、生産管理部門にて生産計画立案業務やシステム導入業務に従事。

【重要ポイント攻略編　第11問～12問　担当】

中澤　孝文（なかざわ　たかふみ）

経営教育総合研究所研究員、中小企業診断士登録予定。1級FP技能士。保険会社で機関長として組織管理や中小企業の保険コンサルを経験後、取引先企業に向け販路開拓の支援を行っている。

【重要ポイント攻略編　第15問～16問　担当】

平田　康一（ひらた　こういち）

経営教育総合研究所研究員、中小企業診断士登録予定。日本証券アナリスト協会検定会員。証券会社・資産運用会社で顧客関連への助言業務等を行う。現在は独立して中小企業の経営を支援。

【重要ポイント攻略編　第27問～28問　担当】

本園　康郎（もとぞの　やすお）

経営教育総合研究所研究員、中小企業診断士登録予定。大手エンジニアリング会社で企画、営業を経験後、公営企業にて経理を担当し、下水道事業の明るい未来のために日々奮闘している。

【重要ポイント攻略編　第21問～22問　担当】

八木　和真（やぎ　かずま）

経営教育総合研究所研究員、中小企業診断士、行政書士。システム開発会社に20年勤務した後、フリーランスとして活動、併せて行政書士事務所を開業。

【重要ポイント攻略編　第19問～20問　担当】

矢野　陽介（やの　ようすけ）

経営教育総合研究所研究員、中小企業診断士。コンサルティングファームにてサービス業の経営革新、マーケティング、組織運営の支援を担当。現在、独立診断士として奮闘中。

【重要ポイント攻略編　第23問～24問　担当】

山本　括史（やまもと　かつし）

経営教育総合研究所研究員、中小企業診断士。京都の呉服店に勤務し、伝統産業に携わる職人達の高度な技術を次世代に継承するため日々奮闘している。

【択一・短答問題攻略編　第17問～19問　担当】

涌井　伸郎（わくい　のぶお）

経営教育総合研究所研究員、中小企業診断士登録予定。中小製造業にて、法人向けの提案営業職に10年以上従事し、中小企業が大手と競合せずに取引先を獲得する営業を、”中小企業の現場”で実現したことが最大の強み。

【重要ポイント攻略編　第29問～30問　担当】

■ 監修者紹介 ■

山口　正浩（やまぐち　まさひろ）

　㈱経営教育総合研究所 代表取締役社長、㈱早稲田出版 代表取締役社長、中小企業診断士、経営学修士（MBA）、TBC受験研究会統括講師、中小企業診断士の法定研修（経済産業大臣登録）講師、日本FP協会の認定教育機関講師。

　24歳で中小企業診断士試験に合格後、常に業界の第一線で活躍。2011年12月のNHK（Eテレ）の「資格☆はばたく」では、中小企業診断士の代表講師＆コンサルタントとして選抜され、4週間にわたる番組の司会進行役の講師とNHK出版のテキスト作成に携わる。

　従業員1名から従業員10,000名以上の企業でコンサルティングや研修を担当し、負債3億円、欠損金1億円の企業を5年間で黒字企業へ事業再生した実績を持つ。日本政策金融公庫、日本たばこ産業株式会社などで教鞭をふるい、静岡銀行、東日本銀行（東日本倶楽部経営塾）では、経営者へ実践的な財務会計の研修を行う。

　主な著書は「マーケティング・ベーシック・セレクション・シリーズ」（全12巻）同文館出版、販売士検定関連の書籍は「動画で合格（うか）る販売士3級テキスト＆問題集」早稲田出版など10冊、年度改訂の書籍を含めると450冊以上の監修・著書があり、日経MJ新聞「マーケティング・スキル（いまさら聞けない経営指標）毎週金曜日 全30回」や月刊「近代セールス」の連載も持つ。近年、若手コンサルタントのキャリアアップに注力し、執筆指導のほか、プレゼンテーション実践会を主催している。

2024年版　TBC中小企業診断士試験シリーズ

特訓 問題集 ① 中小企業経営・政策　中小企業白書 2023年版

2023年10月20日　　初版第1刷発行	定価はカバーに表示してあります。

編著者	加藤 匠／荒井 義規	発行所	株式会社 早稲田出版
	中津井 徹／原田 浩平		〒130-0012
	福井 泰介／横山 豊樹		東京都墨田区太平1-11-4 ワイズビル4階
	米森 啓貴		TEL：03-6284-1955
			FAX：03-6284-1958
			https://waseda-pub.co.jp
監修者	山口 正浩	印刷・製本	新日本印刷株式会社
発行者	山口 正浩		

©Management Education Institute Co., Ltd, 2015, Printed in Japan
ISBN 978-4-89827-568-9 C0030

●本書は、令和5年6月30日時点の中小企業白書と小規模企業白書を基に編集しています。
●乱丁・落丁本は本社にお送り下さい。お取り替え致します。

書籍の正誤についてのお問い合わせ

万一、誤りと疑われる解説がございましたら、お手数ですが下記の方法にてご確認いただきますよう、お願いいたします。

書籍の正誤のお問い合わせ以外の書籍内容に関する解説や受験指導等は、一切行っておりません。そのようなお問い合わせにつきましては、お答え致しかねます。あらかじめご了承ください。

【1】書籍HPによる正誤表の確認

早稲田出版HP内の「書籍に関する正誤表」コーナーにて、正誤表をご確認ください。

URL:https://waseda-pub.co.jp/

【2】書籍の正誤についてのお問い合わせ方法

上記、「書籍に関する正誤表」コーナーに正誤表がない場合、あるいは該当箇所が記載されていない場合には、書籍名、発行年月日、お客様のお名前、ご連絡先を明記の上、下記の方法でお問い合わせください。
お問い合わせの回答までに1週間前後を要する場合もございます。あらかじめご了承ください。

●FAXによるお問い合わせ

FAX番号：**03-6284-1958**

●e-mailによるお問い合わせ

お問い合わせアドレス：**infowaseda@waseda-pub.com**

お電話でのお問い合わせは、お受けできません。
あらかじめ、ご了承ください。